AF558481

Sebastian Häfner

Texte schreiben lernen für Schüler

Das Workbook für 5. bis 8. Klasse

Email: info@edition-lunerion.de
www.edition-lunerion.de

Psiana eCom UG
Berumer Str. 44
26844 Jemgum

INHALT

Schritt-für-Schritt zum Textsorten-Profi!

Vielleicht kennst du das. Beim Verfassen von Texten in der Schule blickst du aufgrund der vielen unterschiedlichen Textsorten nicht immer richtig durch? Oftmals weißt du nicht, was für welche Textsorte gilt und worauf du achten solltest? Keine Sorge! So wie es dir geht, geht es vielen Schülern. In vielen Büchern werden die Strukturen von verschiedenen Textsorten nicht ausreichend erläutert, sodass es vielen Kindern schwerfällt, sich beim Verfassen einer bestimmten Textsorte auf die wichtigsten Eigenschaften des jeweiligen Textes zu konzentrieren. Die gute Nachricht: Das Verfassen von Texten oder Aufsätzen kannst du lernen. Die Grundvoraussetzung hierfür sind die drei magischen Worte: Üben, üben, üben. Beim Üben solltest du jedoch darauf achten, dass du nicht alles an einem Tag übst. Vielmehr solltest du dir jeden Tag einzelne Übungen zu einer bestimmten Textsorte herausgreifen und diese durchführen. Bei der konkreten Umsetzung der Übung hilft dir dieses Buch. Bevor es mit den Übungen losgehen kann, erhältst du die grundlegenden Informationen zu den unterschiedlichen Textsorten Bericht, Inhaltsangabe, Nacherzählung, Beschreibung, Geschichte, Brief sowie zu weiteren Textsorten. Im Verlauf des Praxisbuchs findest du im Anschluss an die entsprechenden Themen immer wieder Übungen, mit denen du das erworbene Wissen anwenden kannst. Es wäre also gelacht, wenn nicht auch aus dir in einiger Zeit ein Schreibprofi wird. In diesem Sinn:

Nur Mut! Du kannst das auch!

Textsorten und ihr Aufbau

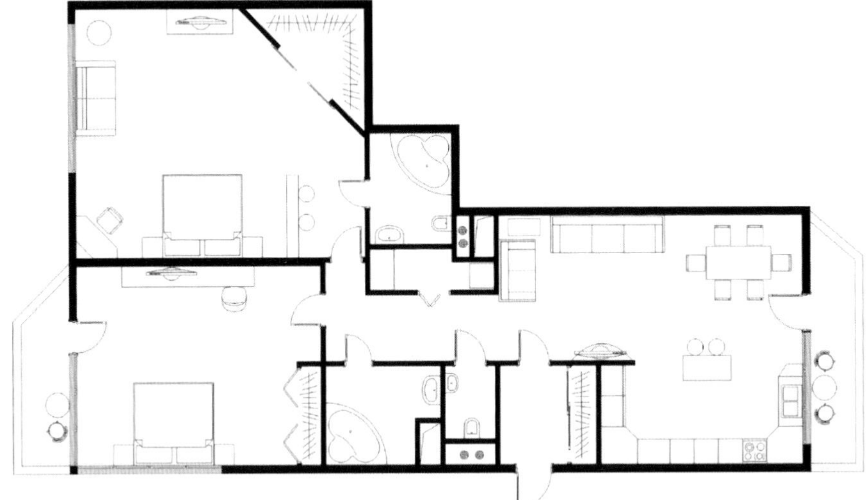

Was macht einen guten Text aus? Diese Frage klingt erst einmal einfach, ist sie bei genauerer Betrachtung aber gar nicht. Texteschreiben ist eine wahre Kunst, bei der im Prinzip alles erlaubt ist. Wer entscheidet schon, welche Buchstaben in welcher Reihenfolge gut oder weniger gut sind? Am Ende ist es der Leser, der das entscheidet, und das meist auch weniger auf Basis genauer Kriterien, sondern vielmehr nach Gefühl. Hat der Text ihm das geliefert, was er erwartet hat, oder nicht? Aber was erwartet der Leser vom Text? Diese Frage ist kontextabhängig zu beantworten. Ein Leser, der eine Zeitung aufschlägt, erwartet sicherlich etwas anderes als der Leser eines Romans oder eines Gedichtbandes. Auf sozialen Netzwerken erwartet er im Regelfall mehr Persönliches und Umgangssprachliches als beispielsweise in einer wissenschaftlichen Abhandlung. In dieser wären persönliche Meinungen ein fataler Fehler für die Seriosität des Textes. Einen Blog liest jemand wahrscheinlich, weil er sich für den Schreiber als Person interessiert oder um sich von diesem über ein bestimmtes Thema informieren zu lassen. Ein Leser einer Kurzgeschichte möchte unterhalten werden. Und so weiter.

Damit soll verdeutlicht werden, dass es eine Menge, wenn nicht sogar unzählige Textsorten gibt. Und ebenso individuell wie diese Textsorten sind auch die Kriterien, die diese erfüllen sollten, wenn du diese Textsorten verfassen willst. Abgesehen davon kann ein Autor einer bestimmten Textsorte aus künstlerischer Freiheit auch immer wieder vom Schema abweichen und eigene kreative Elemente einfügen, er kann Stile mixen und verändern – und zack, schon kann man wieder keine klare Antwort auf die Frage geben, was einen guten Text ausmacht. Allein aus diesen Gründen ist das Schreiben eines Textes, den viele Leser als gut empfinden, ein kompliziertes Unterfangen. Deshalb solltest du erst einmal noch nicht besorgt sein, wenn dir das Schreiben von verschiedenen Textsorten noch nicht so gut gelingt. Grundsätzlich gilt: Übung macht den Meister! Beim Verfassen von Texten muss der Autor oder Verfasser den richtigen Ton treffen, die richtigen Worte finden sowie einsetzen und am Ende seine Aussage geschickt verpackt haben. Das fällt vielen Menschen schwer – auch oder gerade, weil sie es nicht gelernt haben. Umso wichtiger ist es, dass du so früh wie möglich die richtigen Grundsteine legst und dich im Schreiben von Texten übst. Das kann dir nämlich in vielen Lebenslagen später hilfreich sein.

Grundsätzlich ist es beim Schreiben wie in jeder anderen Kunstrichtung: Manche Menschen bringen ein größeres Talent mit als andere, ihnen fällt es dementsprechend leichter, etwas auf diesem Gebiet zu lernen. Doch auch wenn eine Person in einem Kunstgebiet weniger talentiert ist, gibt es immer Möglichkeiten, ihm dieses trotzdem beizubringen. Es gibt Tipps, Tricks und Kniffe, Methoden und Techniken, die, wenn richtig angewendet, jedem zu einem guten Text verhelfen können. Der Rest ist Übung, Übung und noch mehr Übung. Das schaffst auch du! Auch wenn du vielleicht in Deutsch bisher noch nicht so gut abschneiden konntest, ist das kein Grund, aufzugeben. Auch heißt es nicht, dass sich das nicht verändern lässt. Ja, gute Texte zu schreiben ist schwierig, aber: Jeder Mensch kann lernen zu schreiben – auch du! Jeder Mensch kann ein Gespür für Texte entwickeln und in seinem eigenen Stil gute Texte verfassen. Es ist eine Kunst, aber auch ein Handwerk. Zum Verfassen guter Texte benötigst du nur das richtige Werkzeug an der Hand und die Übung, mit diesen Werkzeugen umzugehen. Den Rest macht die Wiederholung.

Wie bereits angedeutet, gibt es unzählige Textsorten. Das kann am Anfang für eine Menge Verwirrung sorgen und dich vielleicht sogar ein wenig überfordern. Das ist aber erst einmal nicht schlimm! Im Gegenteil, das geht jedem so. Auch nach jahrelangem Schreiben gibt es immer noch Textsorten, in denen auch regelmäßige Schreiber nicht sicher sind. In der Schulzeit werden von den Kindern aber letztlich immer wieder ähnliche oder die gleichen Textsorten gefordert. Das macht es für dich etwas leichter. Die geforderten Textsorten kann man nämlich leicht an zwei Händen abzählen, sie sind also überschaubar und sich zum Teil auch ähnlich, sodass du das Rad nicht neu erfinden musst. Wer diese Grundtextarten beherrscht, wird sich in den meisten Fällen zu helfen wissen, wenn das Schreiben eines Textes gefordert ist. Nicht nur, weil es die häufigsten Textarten sind, sondern auch, weil sie viele verschiedene Elemente enthalten, die dann auf andere Texte übertragen werden können. In diesem Kapitel werden dir die wichtigsten Textarten vorgestellt, die in der Schule gelehrt werden und einen soliden Grundstock darstellen, auf dessen Boden du vielfältige Sprachfähigkeiten erwerben kannst. Sieh dieses Kapitel weniger als praktische Übung an, sondern eher als einen kleinen Überblick darüber, was in verschiedenen Textaufgaben gefordert wird. Im Verlauf des Praxisbuchs wirst du dann zu jeder Textsorte noch ein kleines, gelungenes Beispiel erhalten, anhand dessen du das Gespür für die jeweilige Textform entwickeln kannst.

SACHLICHE TEXTE

Sachliche Texte oder auch Sachtexte sind informierende Texte, die geschrieben werden, um den Leser über ein bestimmtes Thema zu informieren. Es geht in Sachtexten daher um die Vermittlung von Fakten. Zu den sachlichen Texten werden daher Gebrauchstexte gezählt, wie beispielsweise Reden, Berichte, wissenschaftliche Texte, Nachrichten, Werbetexte, Protokolle oder Geschäftsbriefe. Bei der Nutzung übernehmen sachliche Texte daher die Funktion, anzuleiten, zu beschreiben, zu berichten sowie zu appellieren oder zu überzeugen. Dies solltest du beim Verfassen von Sachtexten berücksichtigen. Nachfolgend eine kurze Übersicht, damit du einen besseren Überblick bekommst:

Funktion	Erklärung	Sachtextarten
informierende Texte	Diese Form der Sachtexte liefert Informationen zu einem bestimmten Thema. **Erkennungsmerkmal:** Diese Sachtextarten lassen sich an den nachfolgenden Merkmalen erkennen: - sachliche Sprache	Diese Funktion trifft grundsätzlich auf alle Sachtextarten zu. Rein informierende Sachtexte sind dabei beispielhaft: - Berichte - Nachrichten - Zeitungsartikel - Dokumentationen

	- Inhalt liefert Antworten auf die W-Fragen - Themen werden wirklichkeitsnah dargestellt - Meinung des Autors ist für den Inhalt irrelevant	- Wetterberichte - Protokolle - Reportagen - Lexikoneinträge
appellierende Texte	Diese Form von Sachtexten ruft den Leser zu bestimmten Denk- und Handlungsweisen auf. Dabei beabsichtigen sie, die Aufmerksamkeit des Lesers zu erhalten und/oder für etwas zu werben. **Erkennungsmerkmal:** Diese Sachtextarten lassen sich an den nachfolgenden Merkmalen erkennen: - einfache und bildhafte Sprache - umgangssprachliche Ausdrücke, Wortwiederholungen, Vergleiche und Ausrufe - die Meinung des Autors ist für den Inhalt relevant	- Kommentare - politische Texte - politische Reden - Werbetexte - Wahlkampfreden - Flugblätter - Aufrufe
argumentierende Texte	Diese Form von Sachtexten will den Leser durch das Anführen von Argumenten für oder gegen einen Sachverhalt überzeugen. Sie äußern eine Meinung und legen diese dar. Erkennungsmerkmal: Diese Sachtextarten lassen sich an den nachfolgenden Merkmalen erkennen: - Pro und Kontra einer Fragestellung werden behandelt	- Stellungnahmen - Erörterungen - Reden - Rezensionen - Kommentare - politische Reden - politische Texte - Kritiken
instruierende/ anleitende Texte	Diese Form von Sachtexten will den Leser anleiten hinsichtlich eines Sachverhalts. Erkennungsmerkmal: Diese Sachtextarten lassen sich an den nachfolgenden	- Gebrauchsanweisungen - Rezepte - Gerätebeschreibungen

	Merkmalen erkennen: - kurze und eindeutige Formulierungen - Fachbegriffe werden verwendet	
deklarierende Texte	Bei dieser Form von Sachtexten gibt eine Person eine Erklärung zu etwas ab. Gleichzeitig haben deklarierende Sachtexte die Absicht, zwischen Autor und Leser eine neue Realität zu schaffen, die mit der Abgabe des Sachtextes gilt.	- Testament - Bescheinigung - Zeugnis - Offizielle Dokumente
normative Texte	Diese Form von Sachtexten beabsichtigt, den Leser zu einer Handlung zu bewegen. Dabei erteilt er eindeutige und verbindliche Verhaltensregeln. <u>Erkennungsmerkmal:</u> Diese Sachtextarten lassen sich an den nachfolgenden Merkmalen erkennen: • Aussagen sind genau überlegt und sehr präzise formuliert • die Inhalte sind eindeutig und für alle lesbar	- Schulordnung - Gesetzestexte -
kommentierende Texte	Kommentierende Sachtexte sollen den Leser zum Nachdenken anregen. <u>Erkennungsmerkmal:</u> Diese Sachtextarten lassen sich an den nachfolgenden Merkmalen erkennen: • kommentierende Texte weisen einen persönlichen Stil auf • müssen als kommentierende Texte gekennzeichnet sein • Sprachstil ist variabel (zum Beispiel Fachjargon oder Umgangssprache), um eine breite Leserschaft anzusprechen	• Blogbeiträge • Filmkritiken • Leserbriefe • Kommentare

Sachtexte sind in der Regel im Präsens, also in der Gegenwart, verfasst. Nur wenn sie Sachverhalte in der Vergangenheit beschreiben, sind sie in der Vergangenheit (Präteritum) geschrieben. Für das Verfassen eines Sachtextes solltest du als Verfasser ausreichend Kenntnisse über das Thema aufweisen sowie eine leichte und verständliche Ausdrucksweise wählen. Sachtexte sind deshalb informativ und sachlich. Bei der Bearbeitung wird aus diesem Grund die Frage „Wer sagt wem, was, warum und mit welcher Absicht?“ auf den Grund gegangen. Inhaltlich kannst du in Sachtexten daher beispielhaft die nachfolgenden Themen behandeln:

- der Ablauf und Zeitraum der ersten Mondlandung,
- die Haus- und Schulordnung einer Schule,
- ein Leserbrief zu einem Zeitungsartikel,
- eine Gebrauchsanweisung,
- ein Werbeflyer,
- ein Zeitungsartikel,
- eine Reportage sowie viele weitere.

In ihrem Aufbau verfolgen Sachtexte immer eine logische Grundstruktur, sodass Zeitsprünge wie in anderen Textarten nicht zu finden sind. Sachtexte an sich verfügen über eine Vielzahl an Unterkategorien, die dir nachfolgend beispielhaft näher erläutert werden.

Der Bericht

Mit Berichten kommen wir unser Leben lang immer wieder in Kontakt. Nicht nur die Zeitung besteht zu einem großen Teil aus Berichten, auch im Internet, in Zeitschriften und in den Nachrichten finden sich diese. Auch nach einem Projekt oder einem Praktikum werden immer wieder Berichte über die entsprechende Zeit gefordert. Eine Kurzfassung des Berichts nach einem Meeting beispielsweise wäre ein Protokoll. Auch Reiseberichte gehören in diese Sparte, ebenso wie Zeugenaussagen bei der Polizei. Das hört sich zuerst einmal nach sehr unterschiedlichen Texten an. Das sind sie teilweise auch, in der Zeitung wird sicherlich anders berichtet als in einem Praktikumsbericht. Dennoch gibt es einige Merkmale, die alle Berichte gemein haben und sich replizieren lassen, wenn es darum geht, ein gelungenes Exemplar dieser Textsorte zu verfassen. Das Ziel eines Berichts ist, **Informationen zu transportieren**. Dabei ist es zunächst einmal egal, was jeweils das Kernthema ist. Es geht darum, eine Geschichte, Erlebtes oder Geschehenes **neutral** und **faktenbasiert** zu präsentieren. Ein Bericht enthält demnach keine langen Ausführungen oder Beschreibungen der zu beschreibenden Situation. Grundsätzlich gilt: Je **kürzer** und **präziser**, desto besser. So interessiert es beispielsweise nach einem Unfall niemanden, ob der Kirschbaum im Park gegenüber geblüht hat oder nicht bzw. wie die Blüten geduftet haben (es sei denn, dieser blühende Kirschbaum hätte den Autofahrer so abgelenkt, dass er deshalb den Fahrradfahrer übersehen hat).

Den Leser eines Berichts interessieren vor allem folgende Fragen:

- **Wer** war beteiligt?
- **Was** ist passiert?
- **Wann** ist es passiert?
- **Wo** ist es passiert?
- **Wie** ist es passiert?
- **Warum** ist es passiert?
- **Welche Folgen** hat das Geschehene?

Die konsequente Abarbeitung dieser W-Fragen ist essenziell dafür, ob das Schreiben eines Berichts von Erfolg gekrönt ist oder nicht. Der Autor beschreibt also in so **wenigen Worten** und so **neutral** und **emotionslos** wie möglich ein Geschehnis. Dafür nutzt er die Vergangenheitsform **Präteritum**, also „ging“, „sah“, „sagte“, ... und den klassischen Aufbau eines Textes mit einer kurzen Einleitung in einem Satz, einem Hauptteil, der alle Fragen beantwortet, und einem Schluss, in dem oft eine Aufforderung enthalten ist.

So könnte ein Beispiel für einen Zeitungsbericht aussehen:

Am Mittwoch, dem 13. Januar 2021, ereignete sich gegen 18 Uhr in der Goethestraße 23 in Frankfurt am Main ein Überfall auf eine Filiale der Deutschen Bank durch drei maskierte Bankräuber, von denen einer entkommen konnte.	Einleitung mit Beantwortung von: Wer? Wo? Wann? Was?
Nachdem die Bank nach Ladenschluss gerade ihre Türen verriegelt hatte, brachen die drei Bankräuber durch die Hintertür in die Filiale ein und zwangen die Mitarbeiter mit einer Waffe, die Tresore mit ihren Schlüsseln zu öffnen. Während sie das Geld einpackten, gelang es einem Mitarbeiter, den Notknopf zu betätigen und so die Polizei zu informieren. Diese rückte sofort mit mehreren Streifenwagen an und konnte zwei der drei Bankräuber auf frischer Tat ertappen. Der dritte Bankräuber entkam. *Bei der Befragung sagten die Bankräuber aus, den Überfall aus Geldnot begangen zu haben.*	Hauptteil mit Beantwortung von: Was? Warum? Wie?
Die Mitarbeiter der Bank kamen mit einem Schrecken davon. Nach dem dritten Bankräuber wird derzeit noch gefahndet. Wenn Sie den Bankraub beobachtet haben oder einen anderen Hinweis zum Täter liefern können, melden Sie sich bitte unter der Nummer 0123/45678.	Schluss mit Beantwortung von: Welche Folgen? Aufruf zur Hilfe

Auf einen Blick:

Berichte schreiben

Ziel: Informationen transportieren

Wie?

- neutral und faktenbasiert
- kurz und präzise
- emotionslos

Zeitform: Präteritum

Inhalt & Aufbau:

- W-Fragen eines Berichts beachten
- Einleitung, Hauptteil, Schluss

Übungsaufgabe zum Verfassen von Berichten

Lies dir das Beispiel für einen Zeitungsbericht noch einmal durch. Beantworte folgende Fragen und notiere die Antworten:

Wer war beteiligt?

___

Was ist passiert?

___

Wann ist es passiert?

___

Wo ist es passiert?

___

Wie ist es passiert?

___

Warum ist es passiert?

___

Welche Folgen hat das Geschehene?

___

Der Artikel

Die Unterscheidung von Bericht und Artikel führt häufig zu Schwierigkeiten, da die Worte im allgemeinen Sprachgebrauch immer wieder synonym genutzt werden. Allerdings ist es wichtig, hier die Differenz zu kennen. Grundsätzlich ist ein Bericht gleichzeitig auch ein Artikel, ein Artikel aber nicht immer ein Bericht. Der Kontext, in dem Berichte und Artikel anderer Art auftauchen, ist oft ein ähnlicher. Auch alle anderen Artikel finden sich hauptsächlich in Zeitungen oder Zeitschriften, online in Blogs oder anderen Informationsquellen. Abgesehen von Berichten gehören zu dieser Textsorte Reportagen, Kommentare, Essays, Interviews und vieles mehr. Artikel sind also ein sehr breit gefächertes Spektrum, weshalb auch die **gestalterische Freiheit** deutlich größer sein kann als bei einem einfachen Bericht. Auch ein Artikel gliedert sich in Einleitung, Hauptteil und Schluss und fast immer gehört eine **Überschrift** oder eine **Schlagzeile** darüber. Manchmal werden Artikel auch durch Unterüberschriften in **Absätze** aufgeteilt. Außerdem wird die gleiche Zeitform wie im Bericht genutzt: das **Präteritum**. Der Unterschied zum Bericht ist, dass nicht zwangsläufig in jedem Artikel ein konkretes Geschehnis nachberichtet werden muss. Das bedeutet: Jeder Artikel hat ein **bestimmtes Thema**, das er behandelt, es muss aber keine Nachricht oder kein Ereignis von besonderer Wichtigkeit sein.

Stellen wir uns beispielsweise eine Reportage über eine Reise vor: Das Überthema wäre in diesem Fall die Reise des Autors nach Afrika. Er muss sich aber nicht unbedingt dafür entscheiden, in neutralem Tonfall zu berichten, dass er dort beinahe von einem Löwen angegriffen worden wäre. Er kann verschiedene Erlebnisse **nacheinander erzählen** und ist dabei auch nicht gezwungen, alles so kurz wie möglich zu gestalten. So ist eine Reportage oft ein aus der **Ich-Perspektive** geschriebener Text, der durchaus **eigene Meinungen**, **subjektive Perspektiven** und **Emotionen** zulässt, ebenso wie **kreative Elemente** zur Ausschmückung des Erlebten. Wie bereits erwähnt, sind Artikel breit gefächert und können deshalb alle möglichen verschiedenen Formen annehmen. Doch auch hier ist man in der Regel gut beraten, wieder eine Reihe von W-Fragen abzuarbeiten und seinem Leser so viele Informationen in einem größeren Kontext zu bieten.

- **Wer** war am Geschehen beteiligt?
- **Was** ist passiert?
- **Wann** ist es passiert? An welchem Tag, um welche Uhrzeit?
- **Wo** hat sich das Geschehene ereignet?
- **Wie** ist es passiert? Wie ist das Geschehene abgelaufen?
- **Warum** ist es passiert?
- **Welche Folgen** hat das Geschehene?

Das Ziel eines Artikels ist es, zu **informieren**, aber gleichzeitig für das Thema **Interesse zu wecken**. Eine nicht ganz einfach zu findende Balance. So könnte ein Artikel in Form einer Kurzreportage aussehen:

Eine Reise zu den Elefanten	Überschrift
Die Elefantenpopulationen in den größten Teilen Tansanias nehmen immer weiter ab. Ob ich wohl auf meiner Reise einen zu Gesicht bekommen würde?	Einleitung mit Anschneiden des Themas
Schon als Kind war es mein großer Traum, irgendwann einmal mit meiner Kamera Elefanten in Afrika fotografieren zu können. Als ich diesen Sommer ein Angebot für einen Job in Tansania bekam, sagte ich natürlich nicht Nein – ich packte meine Koffer und saß kurz darauf auch schon im Flugzeug. *Eine passende Safari zu finden, stellte sich dann aber als gar nicht so einfach heraus. Die meisten Anbieter waren sehr teuer und hatten trotzdem Autos, die wenig vertrauenerweckend wirkten. Nach langem Suchen fand ich doch noch einen. Der Guide erzählte aber direkt beim Losfahren, dass die Elefanten in allen Gebieten in Tansania zurückgehen und an manchen Stellen schon ganz verschwunden sind. „Das liegt an der immer noch anhaltenden Wilderei“, erklärte er, „auch wenn diese eigentlich seit Jahren verboten ist, um die Elefanten zu schützen.“* *Aber wir hatten Glück! Nach einigen Stunden in der Steppe bekam ich doch noch einen Elefanten vor meine Kamera. Was für ein Erfolg!*	Hauptteil mit verschiedenen Anteilen der Geschichte aus der Ich-Perspektive, Beantwortung interessanter W-Fragen und kreative Elemente wie Zitate
Die Wilderei sollte unbedingt gestoppt werden, wenn wir nicht wollen, dass die Dickhäuter ganz verschwinden. Und weil ich selbst etwas dagegen tun will, werde ich nächstes Jahr in Tansania an einem Projekt zum Schutz der Elefanten teilnehmen. Das wird sicher interessant!	Schluss mit Abrundung des Themas

Auf einen Blick:

Artikel schreiben

Ziel: Informationen transportieren, gleichzeitig Interesse wecken

Wie?

- - breit gefächertes Spektrum
- - gestalterische Freiheit
- - behandelt ein bestimmtes Thema
- - oftmals aus der Ich-Perspektive, aber nicht zwangsläufig

Zeitform: Präteritum

Inhalt & Aufbau:

- W-Fragen beachten
- Einleitung, Hauptteil, Schluss
- Überschriften, Schlagzeile, Unterüberschriften

Übungsaufgabe zum Verfassen von Artikeln

Lies dir das Beispiel für einen Artikel noch einmal durch. Beantworte folgende Fragen und notiere die Antworten:

Wer war am Geschehen beteiligt?

___

Was ist passiert?

___

Wann ist es passiert? An welchem Tag, um welche Uhrzeit?

___

Wo hat sich das Geschehene ereignet?

___

Wie ist es passiert? Wie ist das Geschehene abgelaufen?

___

Warum ist es passiert?

___

Welche Folgen hat das Geschehene?

___

Die Inhaltsangabe

Auch eine Inhaltsangabe ist ein sachlicher Text, der hauptsächlich darauf abzielt, **Informationen zu vermitteln**. Dabei geht es aber nicht um einen Bericht über ein Ereignis, einen Unfall oder einen Artikel zu einem bestimmten Event oder Thema, vielmehr eignet sich diese Textform als **Zusammenfassung** und/oder **Erweiterung** eines bereits bestehenden Textes. Eine Inhaltsangabe kann also ein Buch, eine Geschichte, einen Film oder ein Theaterstück behandeln. Unterformen dieser sind Sachtextanalysen (hier wird beispielsweise ein Bericht oder ein anderer sachlicher Text beleuchtet), Rezensionen (dazu gehören beispielsweise Testberichte) oder Interpretationen (meist wird hier ein literarischer Text zusammengefasst und dann seine tiefere Bedeutung erörtert). Zu den wichtigsten Merkmalen einer Inhaltsangabe gehört unter anderem eine **sachliche, neutrale** Sprache, in der über die wichtigsten Fakten und Kernaussagen des behandelten Textes berichtet wird. Im Gegensatz zu Berichten oder Zeitungsartikeln verwendet man hier immer das **Präsens**, also die zeitliche Gegenwartsform. Soweit es irgendwie möglich ist, sollte der Inhalt des behandelten Textes **in eigenen Worten** wiedergegeben werden – an Stellen, an denen dies nicht möglich ist, wird mit **direkten** oder **indirekten Zitaten** gearbeitet. Grundsätzlich bist du bei dieser Textform wie bei allen sachlichen Texten gut beraten, dich auch wieder an die W-Fragen zu halten, also:

Wer?
Wann?
Was?
Wo?
Warum?
Welche Folgen?

Ebenfalls interessant bei einer Inhaltsangabe sind oft sprachliche und **stilistische Mittel** (z. B. werden Metaphern, Übertreibungen, Wortwiederholungen oder Ähnliches genutzt, um der Geschichte mehr Leben zu verleihen) und auch, um welche Art Text es sich beim Basistext, also dem Text, der inhaltlich wiedergegeben wird, handelt. Schreibst du eine Inhaltsangabe, solltest du hier immer im Kopf behalten, dass im rein zusammenfassenden Teil die eigene Meinung meist keinen Platz hat. Oft gibt es aber eben einen zusätzlichen Teil, in dem der Verfasser der Inhaltsangabe Raum für Interpretationen und Deutungen hat. Hier kann er (je nach Aufgabenstellung und Ziel der Inhaltsangabe) durchaus in sachlicher Form seine eigene Perspektive darstellen, Erklärungsversuche bieten, warum bestimmte Ereignisse im Basistext zu geschehen sind, wie sie es sind, und auch sprachliche und stilistische Mittel deuten und mit Wert belegen.

Aber Vorsicht: Nicht immer ist ein solcher Zusatzteil gewünscht! Deshalb achte immer genau darauf, was in der Aufgabenstellung gefordert wird!

Auf einen Blick:

Eine Inhaltsangabe schreiben

Ziel: Vermittlung von Informationen

Wie?

- sachlicher Text
- eignet sich als Zusammenfassung oder Erweiterung eines bestehenden Textes
- sachliche und neutrale Sprache

Zeitform: Präsens

Inhalt & Aufbau:

- Wiedergabe des Basistextes in eigenen Worten
- Orientierung an den W-Fragen
- Einleitung, Hauptteil, Schluss

So könnte eine Inhaltsangabe aussehen (ohne Zusatzaufgabe):

„Rotkäppchen" ist ein klassisches Märchen der Gebrüder Grimm aus der ersten Hälfte des 19. Jahrhunderts. Es behandelt die Geschichte des Mädchens Rotkäppchen, das allein in den Wald loszieht, um seiner kranken Großmutter Hilfe zu leisten. Doch im Wald trifft es auf den Wolf, der es mit einer List schafft, Rotkäppchen und seine Großmutter zu fressen. Zum Ende des Märchens aber können die beiden von einem Jäger gerettet werden.	Einleitung mit sehr knapper Zusammenfassung des Textes und „Meta"-Informationen, also zu Textsorte, Erscheinungsdatum, ...
Die Protagonistin des Märchens „Rotkäppchen" ist ein gleichnamiges, hübsches Mädchen, das diesen Spitznamen aufgrund seiner roten Mütze erhalten hat. Da die Großmutter krank ist, wird Rotkäppchen von seiner Mutter losgeschickt, die Großmutter in ihrem Haus im Wald mit Wein und Kuchen zu versorgen. Die Mutter ermahnt das Kind noch, bloß auf den Wegen zu bleiben.Auf dem Weg durch den Wald trifft Rotkäppchen auf den Wolf. Es erkennt nicht, wie gefährlich der Wolf ist, und erzählt ihm darauf arglos, wohin es geht. Der Wolf ist hungrig und fasst deshalb den Plan, die Großmutter zu fressen. Bevor er sich auf den Weg macht, verschafft er sich noch einen Vorsprung vor Rotkäppchen, indem er diesem vorschlägt, auf einer Wiese im Wald einen Blumenstrauß für die Großmutter zu pflücken. *(...)*	Hauptteil mit ausführlicherer Zusammenfassung des Textes, sehr neutral gehalten, ohne Emotionen
Der Sinn des Märchens besteht in der Vermittlung dessen, dass Kinder lernen sollen, fremden Menschen nicht arglos zu vertrauen. Auch wenn sie zunächst freundlich und hilfsbereit erscheinen, kann man ihre Absichten oft nicht richtig einschätzen. Diese Botschaft hat auch heute noch eine hohe Relevanz.	Schluss, der die Kernbotschaft des Textes noch einmal benennt und die Relevanz aufzeigt

Übungsaufgabe zum Verfassen einer Inhaltsangabe

Lies dir das Beispiel für eine Inhaltsangabe noch einmal durch. Beantworte folgende Fragen und notiere die Antworten:

Wer?

____

____

Wann?

____

____

Was?

____

____

Wo?

____

____

Warum?

____

____

Welche Folgen?

____

____

Die Beschreibung

Vor allem in den niedrigeren Klassenstufen ist die Beschreibung ein gern gewähltes Aufsatzthema. Kein Wunder, denn diese Textart eignet sich hervorragend, um bei Kindern die Aufmerksamkeit zu schulen, ihre Beobachtungsgabe zu fördern und den Blick für das Wesentliche und objektiv Bewertbare zu schärfen. Eine Beschreibung dient dazu, **einen Sachverhalt** so **detailliert** und **genau** wie möglich wiederzugeben. Gebraucht wird diese Textart beispielsweise bei Personenbeschreibungen (Vermisstenanzeigen, Täterbeschreibungen), Wegbeschreibungen, Vorgangsbeschreibungen (also von Ereignissen), Gegenstandbeschreibungen oder insgesamt bei Bildbeschreibungen. Gelungen ist ein solcher Text dann, wenn man aufgrund der Beschreibung die Person, den Gegenstand oder den Vorgang **detailliert** aufmalen oder visualisieren kann oder wenn man aufgrund einer Wegbeschreibung ohne Mühe an sein Ziel kommen kann. Entsprechend ist **Objektivität**, aber **Detailreichtum** entscheidend für den Erfolg.

Auch hier ist es wieder sinnvoll, sich an den W-Fragen zu orientieren:
Wer ist beteiligt?
Kann man Aussagen über das **Wann** und das **Wo** treffen?
Was tut diese Person oder der Gegenstand und **warum**?
Wie sieht der Gegenstand oder die Person aus?

Es ist ratsam, sich bei einer Beschreibung vom Großen ins Kleine vorzuarbeiten. Wie viel Sinn würde es machen, mit den winzigsten Details anzufangen? Versuchen wir beispielsweise, eine Person zu beschreiben, so macht es wenig Sinn, uns zunächst mit der Farbe seiner Schnürsenkel zu befassen. Was sind die elementarsten Informationen, die benötigt werden, um sich ein umfassendes Bild der Person zu machen? Erst wenn die großen Fragen abgearbeitet sind, kannst du immer mehr ins Detail gehen.

So könnte eine Personenbeschreibung beispielsweise aussehen:

Gesucht wird der zehn Jahre alte Jonas.	Einleitungssatz
Jonas ist 1,40 Meter groß und etwa 27 Kilogramm schwer. Seine Figur ist sportlich und schlank. Er trägt das hellbraune Haar kurz und die Haarspitzen vorne über der Stirn, mit Gel nach oben geformt. Seine Augen sind graublau und seine Haut ist eher blass, mit Sommersprossen auf der Nase und auf der Stirn.	Beschreibung von Gestalt und Erscheinung
Als Jonas zuletzt gesehen wurde, trug er eine dunkelblaue Jeans mit einem roten Flicken auf dem rechten Knie und ein schwarzes T-Shirt. Auf dem Shirt ist rechts auf der Brust das Logo des FC Bayern München. Er hatte seine schwarze Kappe bei sich und seinen grünen Schulrucksack mit einem Drachen darauf. Seine Schuhe sind schwarze Sneakers von der Marke Adidas.	Kleidung beschreiben
Als besonderes Merkmal hat Jonas ein Muttermal rechts hinter dem Ohr.	Besondere Merkmale oder Details
Insgesamt macht Jonas mit seiner lässigen Kleidung meist einen sportlichen, aber ruhigen Eindruck. Mit seinem Lächeln im Gesicht wirkt er meist sehr freundlich.	Schluss mit Gesamteindruck

Auf einen Blick:

Beschreibungen schreiben

Ziel: Sachverhalt detailliert beschreiben

Wie?

- präzise und genaue Beschreibung der Einzelheiten
- objektiv
- detailreich
- vom Großen ins Kleine

Zeitform: Präsens

Inhalt & Aufbau:

- Orientierung an den W-Fragen
- Einleitung, Hauptteil, Schluss

Übungsaufgabe zum Verfassen von Beschreibungen

Lies dir das Beispiel für eine Beschreibung noch einmal durch. Beantworte folgende Fragen und notiere die Antworten:

Wer ist beteiligt?

____

____

Kann man Aussagen über das **Wann** und das **Wo** treffen?

____

____

Was tut diese Person oder der Gegenstand und **warum**?

____

____

Wie sieht der Gegenstand oder die Person aus?

____

____

KREATIVE TEXTE

Kreative Texte zu schreiben, ist für viele Menschen schwieriger, als sachliche Texte zu verfassen. Zwar ist man in der Gestaltung des Textes häufig freier, doch das kann sowohl Fluch als auch Segen sein. Woran soll man bemessen, ob eine Geschichte gut oder schlecht ist, wenn es keine klaren Regeln gibt, an die man sich halten kann? Damit dir auch kreative Texte beim Verfassen gelingen, erfährst du nachfolgend, worauf du achten solltest.

Geschichten und Erlebniserzählungen

Kurzgeschichten oder andere kreative Texte wie ganze Bücher können letztendlich jede Form haben, jeden Schreibstil, sie können alle möglichen kreativen Elemente enthalten. Grundsätzlich hat alles seine Daseinsberechtigung und kann, wenn geschickt angewendet, einen guten Text ausmachen. Das Ziel dieses Ratgebers und vor allem dieses Kapitels soll es aber sein, ein möglichst simples Rezept für dich mit an die Hand zu geben, mit dem du garantiert deine Schreibfähigkeiten verbessern und einfach gute Texte schreiben kannst. Und auch für kreative Texte gibt es einige Regeln, die, wenn man sie beachtet, einen guten Rahmen für eine gelungene Geschichte bieten können. Kreative Geschichten, wie beispielsweise Erlebniserzählungen, werden in der Schule vor allem in den niedrigeren Jahrgangsstufen (etwa bis zur 7. Klasse) gelehrt. Später werden diese mehr und mehr von Sachaufsätzen abgelöst. Sie sind gut geeignet, um die Fantasie und Kreativität anzuregen und den Aufbau eines Spannungsbogens zu erlernen. Der Basisaufbau einer Erlebniserzählung ist (wie bei den meisten Texten) geprägt von einer Einleitung, einem langen Hauptteil und dem Schluss.

Einleitung

Die Einleitung beginnt den Aufsatz mit einem möglichst packenden Anfang, der meist einen groben **Überblick** gibt über die Situation, in der sich die Protagonisten befinden. Aus kreativer Sicht sind hier kaum Grenzen gesetzt: Der allererste Anfang kann ein Satz sein, eine Frage oder es kann auch direkt mit einer Aussage einer der handelnden Personen begonnen werden. Wichtig ist nur, dass die Einleitung in einigen Sätzen kurz die Handlungsszenerie umreißt.

Hauptteil

Der Hauptteil erzählt dann die eigentliche **Geschichte**. Was passiert in der Erzählung? Es wird beschrieben, was die handelnden Personen **tun**, **denken** und auch **sagen**. Dafür wird auch die **direkte** und **indirekte Rede** verwendet. In diesem Teil der Geschichte wird auch der **Spannungsbogen** aufgebaut: Die Erzählung beginnt zunächst seicht und unspektakulär und je weiter die Geschichte fortschreitet, desto interessanter und fesselnder wird sie. Am Ende des Hauptteiles erreicht der Spannungsbogen sein Maximum, der dramatische Höhepunkt der Geschichte wird erzählt.

Schluss

Im Schluss wird die Dramatik dann wieder aufgelöst, die Situation klärt sich und der Spannungsbogen fällt schnell wieder ab, bis auf das gleiche Level wie zu Beginn der Geschichte. Die Erzählung kann schließlich abgerundet werden durch eine kurze **Zusammenfassung**, eine **Lehre** oder auch einen Bezug in die **Zukunft**. Auch hier sind wieder keine Grenzen gesetzt.

Eine gute Erlebniserzählung lebt davon, so **lebendig** und **genau** wie möglich geschrieben zu sein. Innerhalb des Textes erreichst du dies durch die Nutzung vieler unterschiedlicher und fesselnder **Adjektive** (also Wie-Wörter). Nachfolgende Faktoren sind dabei für deinen Text wichtig:

Wie ist etwas? Wie ist die Situation?

Beschreibe beim Verfassen dieser Textsorte so genau wie möglich, was die Protagonisten **erleben**, wie sie **handeln** und was sie dabei **denken** und vor allem **fühlen**.

Gefühlslage der Person
Ist die Person aufgebracht? Aufgeregt? Gelangweilt? Wütend? Fröhlich? Tieftraurig? Wie ist das Wetter? Sonnig, schwül, verregnet, nebelig? Wie ist der Nebel? Wabert er unheimlich zwischen den Baumkronen über dem Wald in der Ferne?

Je besser der Leser sich die Situation vorstellen kann, desto mehr wird seine Fantasie angesprochen und desto besser hat er das Gefühl, in die Geschichte mit **hineingezogen** zu werden. Ziel ist es, dass der Leser mitfiebert, wenn die handelnden Personen den nebeligen Wald betreten und plötzlich ein Knacken hören. Auch **unterschiedliche Satzanfänge** sind für diese Textform wichtig. Wörter wie „plötzlich“, „allmählich“, „unmittelbar“ oder „unvermittelt“ können einen Eindruck geben, wie etwas geschieht. Diese Kleinigkeiten sind es letztlich, die eine Geschichte spannend machen. Mit ihrer Hilfe kann man sogar eine eigentlich langweilige und alltägliche Geschichte zu einem fesselnden Text gestalten, der den Leser nicht mehr loslässt. Als Zeitform kann zwischen **Präsens** (also der Gegenwartsform) oder dem **Präteritum** (der ersten Vergangenheit) gewählt werden. Dies ist abhängig davon, welche Absicht verfolgt wird. Auf dieses Thema werden wir jedoch in einem späteren Kapitel zurückkommen, auch in Verbindung mit einigen Übungen zu den Zeitformen, weshalb es hier nicht weiter ausgeführt wird.

Und noch etwas: Das Herzstück einer Erlebniserzählung sind ihre **Charaktere**. Beschreibe die handelnden Personen daher ebenso genau, wie es geht, um ihnen Leben einzuhauchen. Je besser der Leser die Hauptpersonen versteht, desto mehr wird er mit ihnen mitfiebern. Gib ihnen einprägsame Namen und lass die Charaktere gut, aber menschlich erscheinen. Sie sind der Schlüssel zu einer gelungenen Geschichte.

So könnte eine Erlebniserzählung aussehen:

Der verlorene Schlüsselbund	Neugierig machende Überschrift
Es war spät an einem verschneiten Winterabend, als Anna nach ihrem Schwimmunterricht das Schwimmbad verließ. Draußen war es schon dunkel und die Schneeflocken tanzten wild in der Luft. Sie ging durch die verschneiten Straßen nach Hause. *Aber – oh nein! Als sie vor der Haustür stand und in ihrer Tasche nach dem Schlüssel tastete, merkte sie, dass dieser nicht mehr da war. Sie griff hastig in alle anderen Taschen – nichts! Auch in der Schwimmtasche war er nirgends zu finden.* *Annas Herz machte vor Schreck einen riesigen Satz. „Ich habe den Schlüssel verloren", dachte sie halb betrübt, halb ängstlich, „Was ist, wenn ich ihn nicht mehr wiederfinde?"* *Sie legte die nassen und kalten Schwimmsachen vor der Haustür ab und ging den Weg bis zum Schwimmbad noch einmal zurück. Sie suchte überall auf dem verschneiten Boden, sah in jede Ecke, jede Spalte. Aber sie hatte kein Glück. Der Schlüssel war weg.*	Hauptteil mit Spannungsbogen, vielen Adjektiven und Beschreibungen sowie direkter und indirekter Rede
Als sie am Schwimmbad ankam, wollte Anna kopflos und hastig durch das Drehkreuz zu den Kabinen laufen. Doch plötzlich hörte sie eine Stimme: „Halt! Du kannst da nicht einfach rein!" *Anna schrak furchtbar zusammen. Sie hatte ja gar keine Eintrittskarte! Ob sie jetzt wohl Ärger bekommen würde? Mit hochrotem Kopf drehte sie sich um. Ein Bademeister in roten Badehosen und mit einem blauen T-Shirt hatte sich vor ihr aufgebaut. Er sah riesig aus!*	Spannendster Punkt

„Ich will doch gar nicht schwimmen!", sagte Anna mit zittriger Stimme, „Bitte machen Sie mir keinen Ärger!" *„Was willst du denn dann, wenn du nicht schwimmen willst?", fragte der Bademeister ärgerlich.* *„Ich habe meinen Schlüssel verloren", antwortete Anna kleinlaut, „Ich will sehen, ob ich ihn in meinem Spind vergessen habe."*	
„Oh, da hast du aber Glück", sagte der Bademeister und lächelte mit einem Mal sehr freundlich, „gerade eben wurde ein Schlüssel bei mir abgegeben. Ist es vielleicht der hier?" Er zog schwungvoll eine Schublade auf und zeigte Anna einen Schlüssel mit einem roten Band daran. *„Ja!", rief Anna erleichtert, „Das ist mein Schlüssel! Vielen Dank!"* *Mit dem wiedergefundenen Schlüsselbund machte sie sich auf den Heimweg. „So ein Glück!", dachte sie im Stillen. „Was hätten Mama und Papa wohl gesagt, wenn ich den Schlüssel ganz verloren hätte?"*	Schluss mit Auflösung der Situation

Auf einen Blick:

Geschichten und Erlebniserzählungen schreiben

Ziel: lebendige und genaue Beschreibung eines Erlebnisses oder einer Geschichte, Unterhaltung

Wie?

- können jede Form aufweisen
- Einleitung sollte packend sein und einen groben Überblick liefern
- Hauptteil erzählt die eigentliche Geschichte
- direkte und indirekte Rede
- im Schlussteil löst sich der Spannungsbogen
- lebendig, genau
- Verwendung fesselnder Adjektive

Zeitform: Präsens oder Präteritum

Inhalt & Aufbau:

- Orientierung an der Situation sowie den Gefühlslagen der Personen
- Einleitung, Hauptteil, Schluss

Übungsaufgabe zu Geschichten und Erlebniserzählungen

Lies dir das Beispiel für eine Erlebniserzählung noch einmal durch. Beantworte folgende Fragen und notiere die Antworten:

Wie ist etwas? Wie ist die Situation?

____

____

Wie ist die Gefühlslage der Personen?

____

____

Nacherzählungen

Nacherzählungen könnte man etwas frei assoziiert die ‚kreativen Inhaltsangaben' nennen. Grundsätzlich geht es auch bei dieser Textart darum, eine Geschichte, eine Erlebniserzählung, einen anderen kreativen Text wie ein Buch oder auch einen Film oder ein Theaterstück **nachzuerzählen** und **zusammenzufassen** – aber auf **kreative Weise**. Im Gegensatz zu einer rein sachlichen Inhaltsangabe ist es hier also erlaubt und sogar gewünscht, den **Spannungsbogen** aufrechtzuerhalten und die Szenerie **detailreich** und **lebhaft** zu beschreiben.

Sie starten also wieder mit einer Einleitung, in der die Szene kurz, aber anschaulich umrissen wird, leiten dann über in einen Hauptteil, bei dem wieder sachte begonnen und die Spannung dann immer weiter aufgebaut wird. Zum Ende des Hauptteils erreicht auch die Nacherzählung den Höhepunkt und flacht dann im Schluss rapide ab, wenn die Situation sich auflöst. Auch hier dürfen **Adjektive** genutzt werden und es darf durch direkte und indirekte Sprache aus dem Originaltext **zitiert** werden. Im Schluss kann, ähnlich wie bei der Inhaltsangabe, auf den tieferen Sinn des Textes hingewiesen werden und so ein abrundendes Ende gefunden werden. Die normalerweise genutzte Zeitform ist das **Präsens**. Um den Originaltext inhaltlich zu erfassen, kannst du dich an den nachfolgenden Fragestellungen orientieren, um deine Nacherzählung im Nachgang zu verfassen:

Wer tut etwas?
Was geschieht?
Wann ereignet es sich?
Wo passiert es?
Warum kommt es dazu?

Übrigens: Ob deine Nacherzählung gelungen ist, kannst du auch anhand dieser Fragen erfassen. Schließlich sollte deine Nacherzählung alle wichtigen inhaltlichen Aspekte aufgreifen und den Originaltext möglichst detailgetreu wiedergeben.

Eine gelungene Nacherzählung könnte so aussehen:

In der Geschichte geht es um das Mädchen Anna, das auf dem verschneiten Nachhauseweg nach dem Schwimmunterricht merkt, dass es seinen Schlüssel verloren hat.	Einleitung mit grobem Umreißen der Szene
Sie ist schockiert! Wo kann der Schlüssel nur sein? Sie sucht überall, in allen Taschen und auch ihrem Schwimmbeutel, aber kann ihn nirgends finden. Verzweifelt macht sie sich daraufhin auf den Weg zurück zum Schwimmbad, in der Hoffnung, den Schlüssel auf dem Weg wiederzufinden. Aber auch hier nichts! Im Schwimmbad angekommen, vergisst Anna in ihrer Verzweiflung, dass sie ja gar keine Eintrittskarte mehr hat. Und oh nein! Der Bademeister erwischt sie, als sie Hals über Kopf versucht, trotzdem durch das Drehkreuz zu den Umkleiden zu kommen.	Hauptteil mit Spannungsbogen, mit Adjektiven, Beschreibungen, Bezügen zum Originaltext, indirekter und direkter Rede
Anna erschreckt sich furchtbar und schämt sich offensichtlich, im Originaltext wird das deutlich gemacht, indem ihr Kopf als hochrot beschrieben wird. Sie ist sehr kleinlaut, als sie dem Bademeister erklärt: „Ich habe meinen Schlüssel verloren!"	Höhepunkt der Spannungskurve
Daraufhin wird der Bademeister sehr freundlich und zeigt ihr einen Schlüssel, den ein anderer Besucher gerade erst abgegeben hat. Anna ist sehr glücklich, ihren Schlüssel wiederzuhaben. Sie weiß nicht, wie sie ihren Eltern hätte erklären sollen, dass sie ihn verloren hatte.	Schluss mit Auflösung der Situation
Die Geschichte ist ein gutes Beispiel dafür, dass man achtsam mit seinen Sachen umgehen sollte und immer aufpassen sollte, dass man nichts verliert. Denn nicht jeder hat so viel Glück wie Anna!	Tieferer Sinn der Geschichte

Auf einen Blick:

Nacherzählungen schreiben

Ziel: auf kreative Weise etwas nacherzählen/zusammenfassen

Wie?

- detailreich und lebhaft
- Adjektive sollen verwendet werden
- direkte und indirekte Zitate aus dem Originaltext, der wiedergegeben wird, sind erwünscht

Zeitform: Präsens

Inhalt & Aufbau:

- Orientierung an den W-Fragen
- Einleitung, Hauptteil, Schluss

Übungen zu Nacherzählungen

Lies dir das Beispiel für eine Nacherzählung noch einmal durch. Beantworte folgende Fragen und notiere die Antworten:

Wer tut etwas?

____

____

Was geschieht?

____

____

Wann ereignet es sich?

____

____

Wo passiert es?

____

____

Warum kommt es dazu?

____

____

Lyrische Texte

Der häufigste Vertreter der lyrischen Texte ist das Gedicht. In der Schule werden Gedichte häufig vor allem gelesen oder auch auswendig gelernt, ab und an wird den Kindern aber auch die Aufgabe gestellt, selbst eines zu verfassen. Jetzt wirst du dich sicherlich fragen: Worauf kommt es dabei an?

Lyrische Werke unterscheiden sich sehr von allen Textsorten, die wir bisher besprochen haben. Sie sind in **Versform** verfasst, haben also mindestens eine bis beliebig viele **Strophen**, die unterschiedlicher Länge sein können. Sehr häufig sind vierzeilige Strophen. Die Worte werden dabei meist in einem **bestimmten Rhythmus** betont, also beispielsweise wird beim Lesen jeweils jede zweite Silbe betont oder Ähnliches, was sich Versmaß nennt und dem natürlichen Sprechgesang ähnelt. Ebenfalls bestimmte Charakteristiken verleiht das **Reimschema,** das anzeigt, welche Zeilen sich untereinander reimen (hierzu erfährst du im späteren Verlauf des Ratgebers mehr).

Grundsätzlich steht bei einem lyrischen Text die Aufgabe im Vordergrund, den **Sinn der Worte** möglichst geschickt mit **sprachlichen Mitteln** zu verknüpfen und ihn zu unterstreichen. Zwar kann auch hier recht **frei** gestaltet werden. Oft wird sogar absichtlich von bestimmten Schemata abgewichen. Hat man sich aber für einen Rahmen entschieden, so ist es doch oft ratsam, dabei zu bleiben.

Um dir ein eigenes Gedicht zu erarbeiten, kannst du dir vor dem Schreiben die nachfolgenden Fragen stellen:

Welches Thema soll behandelt werden?
Welche Bilder, Vorstellungen und Gefühle will ich ausdrücken?
Welche Stimmung soll das Gedicht haben?
Welche Personen sollen im Gedicht vorkommen? Gibt es Objekte, die berücksichtigt werden?

Ein gelungenes Gedicht wäre folgendes (natürlich nicht von mir!):

Manchmal geschieht es in tiefer Nacht, *Daß der Wind wie ein Kind erwacht,* *Und er kommt die Allee allein* *Leise, leise ins Dorf herein.* *Und er tastet bis an den Teich,* *Und dann horcht er herum:* *Und die Häuser sind alle bleich,* *Und die Eichen sind stumm ...* *Irgendwo blüht die Blume des Abschieds* *und streut immerfort Blütenstaub den wir* *atmen herüber, und auch noch im* *kommendsten Wind atmen wir Abschied.* *(Rainer Maria Rilke)*	drei Strophen mit je vier Zeilen, reimt sich paarweise und umarmend, Sinn ist sehr lyrisch verpackt

Auf einen Blick:

Lyrische Texte schreiben

Ziel: besonders kreative Form der Darstellung eines Themas

Wie?

- Versform
- bestehen aus Strophen
- folgen einem bestimmten Rhythmus und Reimschema
- Wortsinn wird mit sprachlichen Mitteln wiedergegeben und unterstrichen
- recht frei in der Gestaltung

Zeitform: frei wählbar

Inhalt & Aufbau:

- Orientierung an Versen und Strophen sowie Reimschemata und Rhythmus

Übung zu lyrischen Texten

Lies dir das Beispiel für ein Gedicht noch einmal durch. Beantworte folgende Fragen und notiere die Antworten:

Welches Thema behandelt das Gedicht?

____

____

Welche Bilder, Vorstellungen und Gefühle sollen ausgedrückt werden?

____

____

Welche Stimmung hat das Gedicht?

____

____

Welche Personen kommen im Gedicht vor? Gibt es Objekte, die berücksichtigt werden?

____

____

GEMISCHTE TEXTFORMEN

Es gibt einige Textformen, die freier kaum sein könnten. Innerhalb dieses Praxisbuchs werden diese als gemischte Textformen bezeichnet, denn sie können absolut sachlich und neutral sein und einem festen Rahmen folgen, an den es sich zu halten gilt, sie können aber auch vollkommen frei und umgangssprachlich gehalten sein und müssen dann noch nicht einmal zwangsweise die Rechtschreib- und Grammatikregeln befolgen. Ja, sie können unter Umständen sogar Bilder und andere kreative Elemente enthalten oder sogar nur aus ihnen bestehen. Du siehst, gemischte Textformen sind vielseitig. Aus diesem Grund erhältst du mithilfe der nachfolgenden Erläuterungen einen besseren Überblick.

Briefe und E-Mails

Ein gutes Beispiel für gemischte Textformen sind jegliche Arten von Post: seien es E-Mails, Briefe, SMS oder Nachrichten anderer Form. Wie diese Texte dann aufgebaut sind, hängt entscheidend vom **Schreiber** und dem **Empfänger** ab und vor allem von deren **Beziehung** untereinander. So wirst du selbst auch ganz automatisch deinen **Schreibstil** anpassen, abhängig davon, ob du einer offiziellen Stelle einen Brief schreibst oder deiner eigenen Mutter. Stehst du in einem persönlichen Verhältnis zum Empfänger der Post, wird sich der Stil dieser wahrscheinlich sehr an die umgangssprachlichen Normen halten – du schreibst in etwa so, wie du sprichst. Du wirst Ausdrücke nutzen, von denen du weißt, dass die andere Person sie versteht, auch wenn diese für andere vielleicht nicht zu entschlüsseln sind. Und auch die Themen, die du in diesen Nachrichten übermittelst, können von enormer Brisanz oder sehr persönlich sein. Nun wirst du dich an dieser Stelle sicherlich fragen: Wie aber schreibe ich „richtig“ einen Brief oder eine E-Mail an jemanden, dem du nicht persönlich bekannt bist und zu dem die Beziehung rein professioneller oder neutraler Natur ist? In diesem Fall gibt es durchaus eine gewisse Form, an die du dich halten kannst.

Im Grunde beginnt jeder Brief und jede E-Mail, sogar jede SMS oder andere Nachricht, an eine unbekannte Person (oder an eine unbekannte Personengruppe) mit einer **freundlichen, neutralen Anrede**. Du wirst eine offizielle Stelle kaum mit „Lieber Herr Müller“ begrüßen wollen. Vielmehr angebracht wäre „Sehr geehrter Herr Müller“ oder doch zumindest „Guten Tag Herr Müller“. Bist du nicht sicher, wer den Brief öffnen und lesen wird, kannst du ein einfaches „Sehr geehrte Damen und Herren“ davorsetzen. Anschließend schilderst du dein **Anliegen** – und zwar in so **neutralen** und **kurzen** Worten und Sätzen wie möglich. Du willst zwar dein Problem **deutlich** und **klar verständlich** schildern, aber dennoch dem Leser nicht unnötig Zeit rauben durch zu ausschweifende Erklärungen. Überlege dir daher sehr genau: Welche **Informationen** braucht der Empfänger, um dein Anliegen bearbeiten zu können beziehungsweise dein Problem zu lösen, ohne dass du noch mehrmals Briefe oder E-Mails hin und her schicken musst? Formuliere dabei freundlich, aber deutlich. Hast du mehrere Anliegen, kannst du auch **Stichpunkte** oder **Aufzählungen** nutzen. So erhöhst du die Leserlichkeit und der Empfänger kann auch schneller und strukturierter antworten. Zum Ende des Briefes schließt du mit einer **Abschiedsgrußformel** wie „Mit freundlichen Grüßen“, bevor du mit deinem vollständigen Namen unterzeichnest. Unterhalb des Namens können noch (je nach Anliegen und Empfänger) Kontaktdaten oder weitere Informationen angehängt werden, die für den Leser von Nutzen sein können, zum Beispiel deine Telefonnummer für Rückfragen.

Die Besonderheit bei E-Mails, die noch zu erwähnen bleibt, ist der **Betreff**. Dieser ist enorm wichtig! Vergiss ihn niemals! Der Betreff entscheidet bei E-Mails häufig darüber, in welchem Ordner deine E-Mail beim Empfänger landet – im Spamordner werden E-Mails häufig nicht einmal gesehen. Der Empfänger der E-Mail sollte bereits nur anhand des Betreffs eine grobe Ahnung haben, worum es in der E-Mail gehen wird. Es ist also wichtig, im Betreff mit maximal fünf bis sieben Wörtern (weniger ist hier mehr!) dein Anliegen zu umreißen. Du erhöhst so auch die Chance, dass deine Mail schnell gelesen und bearbeitet wird. Um sicherzustellen, dass du in deiner E-Mail alle wichtigen Aspekte behandelt hast, kannst du dich an den nachfolgenden Fragestellungen orientieren:

An wen richtet sich die E-Mail? Geht es um einen offiziellen oder inoffiziellen/privaten Kontext?
Was soll mit der E-Mail / dem Brief vermittelt werden?
Welche Inhalte sollen bearbeitet werden?
Werden Fragen gestellt, die offen bleiben, sodass eine weitere Kommunikation nötig ist?

So könnte eine gelungene E-Mail aussehen:

Kündigung meines Handyvertrages	Kompakter Betreff
Sehr geehrte Damen und Herren,	Allgemeine Anrede
hiermit kündige ich meinen bestehenden Handyvertrag mit der Nummer 0123/45678 zum nächstmöglichen Zeitpunkt. Dieser ist meiner Berechnung zufolge der 01.10.2022. *Die zugehörige Kundennummer lautet: 9876543* *Bitte schicken Sie mir eine Kündigungsbestätigung per E-Mail zu. Vielen Dank!*	Anliegen kurz und knapp, alle Informationen enthalten
Mit freundlichen Grüßen	Abschlussformel
Maximilian Mustermann	Unterschrift
Kontaktdaten: *Handy: 0123/45678*	Zusätzliche Informationen

Und so ein Brief:

Max Mustermann
Musterstraße 1
12345 Musterstadt

Oben links steht der Absender mit seiner vollständigen Adresse

Etwa 5 Zeilen darunter steht die vollständige Anschrift des Empfängers

Erika Musterfrau
Musterweg 1
67890 Musterstadt

Oben rechts stehen Ort und Datum des Absenders

01.08.2021

Bekanntgabe der Brückentage im Schuljahr 2021/2022

3–4 Zeilen darunter steht in fetten Buchstaben der Betreff (ohne das Wort Betreff!): Er gibt in wenigen Worten die Intention bzw. den Inhalt des Briefes an

Sehr geehrte Damen und Herren,

Darunter folgt die korrekte Anrede, falls keine Namen bekannt sind: „Sehr geehrte Damen und Herren, ...“ oder auch nur „Guten Tag, ...“ Achtung, nach der Anrede folgt ein Komma!

Nach dem Briefinhalt steht die Schlussformel „Mit freundlichen Grüßen“, „Freundliche Grüße“ oder, wenn der Empfänger etwas bekannter ist, „Viele Grüße“ Achtung, hier kein Komma!

Mit freundlichen Grüßen

Max Mustermann

Immer mit Vor- und Nachnamen unterschreiben

Auf einen Blick:

Briefe und E-Mails schreiben

Ziel: Vermittlung von Information, Stärkung der Beziehung zwischen Schreiber und Empfänger

Wie?

- Schreibstil wird an den Empfänger angepasst
- freundliche, neutrale Anrede
- deutlich und klar verständlich

Zeitform: Präsens und Präteritum (je nachdem, was inhaltlich geschildert wird)

Inhalt & Aufbau:

- Begrüßungsformel, Hauptteil, Verabschiedungsformel
- Betreff

Übungen zu Briefen und E-Mails

Lies dir das Beispiel für eine E-Mail noch einmal durch. Beantworte folgende Fragen und notiere die Antworten:

An wen richtet sich die E-Mail? Geht es um einen offiziellen oder inoffiziellen/privaten Kontext?

____

____

Was soll mit der E-Mail / dem Brief vermittelt werden?

____

____

Welche Inhalte sollen bearbeitet werden?

____

____

Werden Fragen gestellt, die offen bleiben, sodass eine weitere Kommunikation nötig ist?

____

____

Übungsaufgabe: Diktate

Scanne für die Audioversion einfach den QR-Code mit einem Smartphone – mithilfe der Kamera – und dann kannst du auch schon loslegen!

Info: Über Dropbox-App ODER auch die Webseite möglich (Option wird **nach Scan** ganz unten angezeigt, es ist kein Abonnement oder eine App-Installierung nötig).

Brief

https://bit.ly/3p6WC8L
Link oder QR-Code zum Audio-Diktat

Klasse 6b des Stadtgymnasiums
Karl-Marx-Allee 7
44135 Dortmund

Förderverein der Grundschule Stadtmitte
Robert-Bosch-Str. 13
44135 Dortmund

Dortmund, 10.09.2021

Spendenübergabe unseres Sponsorenlaufs

Sehr geehrte Frau Holtkamp,
in den Stufenverbänden der 5. und 6. Klassen haben wir letzten Monat einen erfolgreichen Sponsorenlauf mit anschließendem Grillfest organisiert. Die Einnahmen möchten wir gerne Ihrem Förderverein zukommen lassen.

Die meisten von uns haben ihre gesamte Grundschulzeit bei Ihnen verbracht und konnten einzigartige Erinnerungen schaffen. Das Angebot von AGs, die halbjährlichen Ausflüge jeder Klasse und die morgendliche Pausenmilch, das sind nur ein paar Beispiele des bleibenden Eindrucks, den die Grundschule bei uns hinterlassen hat.

Wir alle haben die Zeit dort sehr genossen und wissen, wie wertvoll die SchülerInnen ebendiese Zeit bei Ihnen verbringen können.
Da jedes Kind ausreichenden Zugang zu Spielzeugen und Büchern haben sollte, würden wir uns wünschen, dass unsere Spende in diesem Bereich eingesetzt wird.
Um einen persönlichen Termin für die Spendenübergabe abzustimmen, können Sie uns gerne telefonisch erreichen.

Freundliche Grüße von der Goethe-Gesamtschule
Ihre Jahrgangsstufen 5 und 6

Wörter: 165

E-Mail

Buchungsanfrage Klassenausflug 15.07.2022

https://bit.ly/3vb472t
Link oder QR-Code zum Audio-Diktat

Guten Tag,

am Dienstag, den 15.07.2022, findet der Wandertag unserer Klasse statt, den wir gerne in Ihrem Freizeitpark verbringen möchten.

Wir sind eine Gruppe von 23 Schülern unter 13 Jahren und drei erwachsene Begleitpersonen. Wir haben eine Anfahrt von etwa einer Stunde mit dem Bus. Der Busfahrer würde uns absetzen und uns später wieder abholen, einen Busparkplatz über mehrere Stunden benötigen wir nicht. Wir planen die Ankunft an Ihrem Park gegen 9.15 Uhr, Abfahrt ist 15.30 Uhr.

Falls möglich, würden wir dazu gerne eine Hütte reservieren, in der wir in der Mittagszeit unsere Lunchpakete zu uns nehmen können.

Haben Sie in der Zeit von 9.15 Uhr bis 15.30 Uhr am Dienstag, 15.07.2022, Platz für eine Gruppe von insgesamt 26 Personen?

Wir freuen uns auf Ihre Antwort.

Ein freundlicher Gruß aus dem Münsterland

Verena Hoffschlag,
Klassenlehrerin der 6b

Wörter: 140

Essays und Kommentare

Die letzte Textart, auf die in diesem Kapitel noch eingegangen werden soll, ist das Essay beziehungsweise der Kommentar. Beide Textarten haben sehr große Ähnlichkeiten miteinander, weshalb ich sie in einem Abschnitt zusammenfassen werde. Auch Essays und Kommentare bilden eine gemischte Textform ab: Das primäre Ziel besteht zwar darin, die **eigene Meinung** auszudrücken, und das auch auf eine möglichst **individuelle** und **kreative Art**, aber trotzdem ist hier eine einigermaßen sinnvolle und **faktengestützte Argumentationsbasis** gefragt. Es sollen bestenfalls nicht haltlos Thesen aufgestellt werden, sondern auch belegt werden. In der Gestaltung ist der Schreiber eines Essays dennoch recht **frei**. Meist geht es um **aktuelle Themen** mit Bezug zu einem Ereignis der Vergangenheit oder der Gegenwart, um soziopolitische Themen, wissenschaftliche Errungenschaften oder ein anderes interessantes Geschehnis. **Stil** und **Sprache** können **kreativ** gestaltet werden, um die eigene Meinung auch durch Wortmalerei zu unterstützen und den Text so **lebendig** wie möglich zu gestalten. Sind die Thesen aber nicht in irgendeiner Form belegbar oder zumindest nachvollziehbar, ist ein Essay letztlich nicht viel wert – denn wer mit seiner Meinung überzeugen will, sollte eine **gewisse Konsistenz** in seiner Argumentation nachweisen oder verständlich machen können.

Einleitung

In der Einleitung werden vor allem folgende Fragen geklärt:
Worum soll es in diesem Essay gehen?
Warum ist das Thema von Bedeutung?
Welche Standpunkte gibt es?
Und **welche** Meinung wird im vorliegenden Essay vertreten?
Hier sollte Interesse geweckt werden, um den Leser zum Weiterlesen zu animieren. In diesem Fall ist auch ein sehr persönlicher Einstieg möglich: Vielleicht kannst du mit einer Geschichte aus eigener Erfahrung die Neugierde ein wenig kitzeln?

Hauptteil

Im Hauptteil folgt die Argumentationskette. Dabei gibt es verschiedene Vorgehensweisen: Es können beispielsweise nur Argumente genannt werden, die den eigenen Standpunkt vertreten und diesen untermauern. Dabei läuft man doch immer wieder Gefahr, dass der Leser das Gefühl bekommt, das Thema werde nur einseitig behandelt. Bewährter ist es deswegen oft, erst die Gegenseite zu beleuchten und dann anschließend mit den Argumenten dafür die Gegenargumente zu entkräften. So kann bereits im Text eine Art Einwandbehandlung realisiert werden, die mögliche Diskussionen bereits vorweggreift und überflüssig macht.

Bei beiden Seiten ist es sinnvoll, die sprachliche Behandlung eines Argumentes nach der Drei-B-Regel aufzubauen. Die Drei-B-Regel steht für Behauptung, Begründung und Beispiel: Stelle zunächst eine Behauptung auf („Texte schreiben ist einfach"), untermauere sie mit einem Argument, also einer Begründung („Für jeden Text gibt es ein einfaches Rezept, das, wenn es angewendet wird, zum Erfolg führt"), und schließe sie mit einem Beispiel ab („Ich beispielsweise habe mit einem Ratgeber zum Thema Texte schreiben innerhalb von wenigen Wochen meine Fähigkeiten enorm verbessert").

Schluss

Den Schluss eines Essays bildet meist ein kurzes Fazit: Es können noch einmal einzelne oder grundlegende Thesen oder Argumente aus dem Hauptteil aufgegriffen werden, um die Handlungs- beziehungsweise Argumentationsstränge zusammenzuführen. Auch Lösungsvorschläge finden hier Platz, sofern du solche anführen kannst. Alternativ kannst du neue Fragen aufwerfen, die sich aus den Behauptungen des Hauptteiles ergeben haben: Vielleicht hast du deine gestellte These zufriedenstellend beantworten können, hast aber während des Schreibens des Essays neue Ungereimtheiten entdeckt, die du im nächsten Essay erläutern wirst. Bei der Anfertigung eines Essays solltest du darauf achten, dass dein angefertigter Text die nachfolgenden Fragestellungen beantwortet:

Welches Thema wird behandelt?
Welche Pro-Argumente lassen sich für das Thema finden?
Welche Contra-Argumente lassen sich für das Thema finden?
Welche Meinung soll vertreten werden?
Welche Fragen wirft das Essay auf?

So könnte ein gelungenes Essay (in Auszügen) aussehen:

Das Interesse am Verfassen von Texten scheint bei den Jugendlichen der heutigen Zeit immer mehr abhandenzukommen. Das habe ich auch lange Zeit an mir selbst beobachten können: Es erschien mir anstrengend und sinnlos, Texte länger als eine Seite zu verfassen. Woran kann das liegen? Vielleicht daran, dass vielen Jugendlichen einerseits die Übung fehlt, aber auch daran, dass die Rechtschreib- und Grammatikfähigkeiten der Jugendlichen im Schnitt immer weniger gefordert werden, meinen einige Experten. Ist Texteschreiben also eine aussterbende Kunst? Ich glaube nicht! Schaffen wir es, das Interesse dafür bei den Jugendlichen wieder neu zu erwecken, werden sie merken: Texteschreiben muss nicht schwierig sein!	Einleitung mit Bezug zum Thema, persönlicher Geschichte, Fragestellung und persönlicher Meinung
Meiner Meinung nach ist es gar nicht so kompliziert, einen guten Text zu schreiben. Letztlich gibt es für beinahe jede Textart ein „Rezept", das einen sehr einfach und strukturiert durch den ganzen Prozess durchleiten kann. Alles, was man tun muss, ist, sich dieses Rezept anzueignen und sich dann daranzuhalten. Auch ich habe beispielsweise mithilfe eines Ratgebers gelernt, einfach gute Texte zu schreiben. Dieser Ratgeber hat mir gezeigt, wie ich vorgehen kann und worauf ich achten sollte – und innerhalb weniger Wochen haben sich meine Deutschnoten deutlich verbessert.	Hauptteil mit Argumentation nach Drei-B-Regel
Auch wenn das Texteschreiben in der heutigen Zeit durch soziale Medien, das Internet und die bildliche Darstellung vieler Inhalte durch Bild und Video vielleicht einen anderen Stellenwert hat als noch vor fünfzig Jahren, so halte ich es doch für eine elementare Fähigkeit, über die jeder verfügen sollte. Und wie ich bereits dargelegt habe, bin ich auch fest überzeugt, dass jeder Mensch diese Fähigkeit erlernen kann. Stellt sich nur noch die Frage, woran die fehlende Begeisterung von Jugendlichen für das Texteschreiben liegt? Wird heutzutage vielleicht weniger vorgelesen als früher und die Kinder kommen nicht mehr so viel mit Texten in Berührung? Dies ist eine andere Fragestellung, aber dafür nicht minder interessant …	Schluss mit Fazit und Aufwerfen neuer Frage

Auf einen Blick:

Einen Essay schreiben

Ziel: Vermittlung von Informationen sowie der eigenen Meinung

Wie?

- relativ offene Form
- faktengestützte Argumentation
- Aufbau in Absätzen
- Behandlung aktueller Themen
- lebendig

Zeitform: Präsens

Inhalt & Aufbau:

- Einleitung
- Hauptteil nach der Drei-B-Regel
- Schluss mit Fazit und offenen Fragen

Übungen zu Essays und Kommentaren

Lies dir das Beispiel für einen Essay noch einmal durch. Beantworte folgende Fragen und notiere die Antworten:

Welches Thema wird behandelt?

___

Welche Pro-Argumente lassen sich für das Thema finden?

___

Welche Contra-Argumente lassen sich für das Thema finden?

___

Welche Meinung soll vertreten werden?

___

Welche Fragen wirft das Essay auf?

___

Die sinnvolle Textplanung für den Erfolg

Während der Schulzeit werden immer wieder eigene Texte verfasst. Aus diesem Grund ist es wichtig, die eigene Schreibkompetenz zu trainieren sowie im Verlauf der Zeit zu entwickeln. Das Wissen über die eigene Schreibabsicht hat innerhalb des Schreibprozesses daher eine Ankerfunktion. Hier wird die Basis für den weiteren Schreibprozess gelegt. Deshalb solltest du dir deine Schreibabsicht immer bewusst machen. Besonders für junge Schreibende stellt die Strukturierung und Planung von Texten eine besondere Herausforderung dar. Nach der Entscheidung für einen bestimmten Themenbereich gehen Schüler meist schnell dazu über, den Text zu produzieren, sodass der Zeitraum zwischen der Schreibaufgabe sowie der Schreibaktivität meist nur sehr kurz ist. Jede im Schreibprozess hinzukommende Idee wird dabei umgehend verschriftlicht, bis der Text fertiggestellt ist. Unter diesen Bedingungen fällt es vielen Schülern schwer, die Gesamtheit des Textes im Blick zu behalten und Inhalte logisch zu strukturieren. Aus diesem Grund muss der angefertigte Text nach dem Produktionsprozess häufig anhand der Kriterien des jeweiligen Funktionsbereichs überarbeitet werden, wodurch die Schreibmotivation maßgeblich schwinden kann. Damit dir das nicht passiert, solltest du anders vorgehen. Wie genau, erfährst du im weiteren Verlauf des Praxisbuchs. Grundsätzlich gilt jedoch: Je geübter Schüler in der Vorbereitung von Texten werden, umso leichter wird das Verfassen von Texten im Nachgang fallen. Nun wirst du dich sicherlich fragen, wie auch dir das gelingt. Wie du dabei genau vorgehen und welche Hilfsmittel du nutzen kannst, erfährst du in den nachfolgenden Kapiteln.

DER INNERE AUFBAU VON TEXTEN

Beim Anfertigen von Texten ist der innere Aufbau von Texten oder auch die sogenannte Textstruktur ein unweigerlicher Bestandteil eines guten Textes.

Mit der **Gliederung** oder dem Aufbau von Texten werden dabei alle Maßnahmen beschrieben, die den Text übersichtlicher sowie einladend und leserfreundlich gestalten. Ist ein Text logisch gegliedert, enthält er meist eine leicht verständliche und gut lesbare Struktur.

Die Gliederung von Texten kann sich von Textsorte zu Textsorte unterscheiden. Daher sollen nachfolgend die in diesem Übungsbuch behandelten Textsorten hinsichtlich ihres Aufbaus näher betrachtet werden. So erhältst du einen genauen Überblick über die unterschiedlichen Texte.

Sachtexte

- **Der Aufbau des Berichts**

Einleitung	Die Einleitung eines Berichts gibt Antworten auf die Fragen, wann, wo, was und wem (Wer?) etwas passiert ist. Auf diese Weise kann sich der Leser bereits einen guten Überblick verschaffen.
Hauptteil	Im Hauptteil eines Berichts wird Aufschluss darüber gegeben, was vorgefallen ist. Hierbei ist es wichtig, dass die korrekte zeitliche Abfolge der jeweiligen Geschehnisse eingehalten wird. Inhaltlich beantwortet der Hauptteil eines Berichts daher die Fragen nach dem Was, Wie und Warum.
Schluss	Der Schluss eines Berichts liefert Antworten auf die Folgen, die sich aufgrund der Geschehnisse ergeben haben. Zudem geht der Schlussteil darauf ein, wie ein konkretes Problem gelöst werden konnte. Die Sprache ist hierbei knapp und sachlich und unterliegt keiner Deutung durch den Autor.

• **der Aufbau eines Artikels**

Artikel locken den Leser zunächst mit einer Schlagzeile oder Überschrift und versuchen, dessen Aufmerksamkeit zu erhalten.

Beispiel:

Umweltschützer preisgekrönt – Schulprojekt wird für besondere Nachhaltigkeit geehrt

Einleitung	Innerhalb der Einleitung eines Zeitungsartikels wird der Ort des Geschehens wiedergegeben. Hierzu wird beispielsweise der Ortsname in Großbuchstaben sowie fett festgehalten. **Beispiel:** MÜNCHEN – Aufgrund ausgefeilter Ideen gewann die Gustav-Hansemann-Schule in München durch ein besonderes Nachhaltigkeitskonzept den Umweltpreis. ...
Hauptteil	Im Hauptteil eines Artikels wird der Ablauf des Geschehens näher erläutert. Hier wird dann ausführlicher beschrieben, was genau passiert ist. Zudem kann auf die Hintergründe eingegangen werden. Die Tatsachen sollten dabei in chronologischer Reihenfolge beschrieben werden.
Schluss	Im Rahmen des Schlusses eines Zeitungsartikels werden die Ereignisse kurz noch einmal zusammengefasst. Für den Leser ist dabei besonders interessant, welche Folgen das Geschehene hatte oder in der Zukunft haben wird. Bei einem Zeitungsartikel besteht zudem die Möglichkeit, diesen mit einer rhetorischen Frage zu beenden: **Beispiel:** ... Die jungen Umweltschützer der Schule haben in ihren Ausführungen besonders nachhaltige Konzepte angeführt. Diese sollen nun zukünftig auch an anderen Schulen des Landes verwirklicht werden. Wo soll das noch hinführen?

•

• **der Aufbau einer Inhaltsangabe**

Einleitung	In der Einleitung der Inhaltsangabe werden dem Leser allgemeine Informationen zum Text geliefert. Typische Informationen, die in der Einleitung berücksichtigt werden sollten, sind daher: • der Titel: Wie heißt das Werk? • der Name des Autors: Wer ist der Verfasser des Textes? • der Entstehungszeitpunkt: Wann wurde der Text veröffentlicht? • die Textsorte: Um welche Textsorte handelt es sich? (zum Beispiel eine Kurzgeschichte, ein Roman, ein Bericht …) • das Thema: Worum geht es im Text? • die Hauptpersonen: Wer sind die Handelnden?
Hauptteil	Im Hauptteil wird die Handlung dann mit eigenen Worten kurz zusammengefasst. Hierbei sollte eine Orientierung an den Sinnabschnitten stattfinden. Das heißt, der Inhalt kann Abschnitt für Abschnitt wiedergegeben werden. Sollte es innerhalb des Textes zeitliche Sprünge geben, werden diese im Rahmen der Inhaltsangabe chronologisch sortiert. Inhaltlich nennt der Hauptteil daher: • die Rahmendaten: Wo und wann spielt die Handlung? Wer sind die Hauptfiguren? • die Ausgangssituation der Handlung: Was löst die Handlung aus? Worin besteht das Problem?
Schluss	Inhaltsangaben benötigen nicht immer einen Schlussteil. Aus diesem Grund sollte hier genau die Aufgabenstellung beachtet werden. Wird beispielsweise verlangt, auf die Absicht des Textes einzugehen, sollte im Schlussteil darauf eingegangen werden, was der Autor mit seinem Werk vermitteln möchte oder welche Wirkung der Text auf den Leser hat. Im Rahmen des abschließenden Abschnittes dürfen die eigene Meinung, Gedanken und Ähnliches geäußert werden.

- **der Aufbau einer Beschreibung**

Bei Beschreibungen wird zwischen unterschiedlichen Beschreibungsformen unterschieden:

- die Gegenstandsbeschreibung,

Bei der Gegenstandsbeschreibung wird der Leser über die Merkmale und Eigenschaften eines Gegenstandes oder eines Lebewesens informiert.

- die Vorgangsbeschreibung,

Die Vorgangsbeschreibung informiert über bestimmte Bewegungen, Tätigkeiten oder Veränderungen eines bestimmten Vorgangs.

- die Personenbeschreibung,

Die Personenbeschreibung informiert den Leser über die Erscheinung einer Person. Hierbei können sowohl das äußere Erscheinungsbild als auch charakteristische Eigenschaften einer Person wiedergegeben werden.

- die Landschaftsbeschreibung,

Bei der Landschaftsbeschreibung erhält der Leser die Möglichkeit, sich die beschriebene Landschaft in ihrer Gesamtheit vorzustellen. Dabei werden die Landschaftsformen, Pflanzen, Tiere, Gebäude sowie vorherrschenden Farben und die damit verbundene Wirkung beschrieben.

- die Raumbeschreibung sowie

Bei der Raumbeschreibung geht es darum, das Bild eines Raumes für den Lesenden wiederzugeben. Ziel ist es, dass sich der Leser das beschriebene Bild möglichst detailliert vorstellen kann.

- die Bildbeschreibung.

Die Bildbeschreibung beschreibt ein konkretes Bild. Dabei nimmt sie Bezug auf den Aufbau, die verwendeten Farben, Formen und Bestandteile des Bildes, sodass sich der Leser der Bildbeschreibung eine möglichst genaue Vorstellung des beschriebenen Bildes machen kann.

Einleitung	Die Einleitung einer Beschreibung gibt einen Überblick über das Beschriebene. Am Beispiel einer Bildbeschreibung müssen dabei die nachfolgenden Aspekte enthalten sein: • der Titel des Bildes, • der Künstler, • die Bildquelle, • das Entstehungsdatum, • das Thema des Bildmotivs **Achtung:** Die Einleitung sollte noch keine inhaltlichen Interpretationen oder Beschreibungen enthalten.
Hauptteil	Mit dem Hauptteil beginnt das Herzstück der Bildbeschreibung. Hier werden die einzelnen Elemente des Bildes beschreibend in einer sinnvollen Reihenfolge wiedergegeben. Meist wird hier ein Vorgehen gewählt, das vom Gesamtbild in die Details des Bildes übergeht. Dabei können die nachfolgenden Fragestellungen beispielhaft als Orientierung dienen. **Vordergrund:** • Was ist auf dem Bild zu sehen? • Wo liegt der Fokus des Bildmotivs? • Was sticht besonders ins Auge? Gibt es Auffälligkeiten? • Sind Personen zu sehen? Wenn ja, wie sehen diese aus? • Welche Gesichtsausdrücke und Körperhaltungen haben die zu sehenden Personen? **Mittelgrund:** • Gibt es Elemente, die den Übergang zwischen dem Vordergrund des Bildes sowie dem Mittelpunkt des Bildes gestalten? • Besteht eine Verbindung zwischen diesen Elementen? **Hintergrund:** • Sind im Hintergrund des Bildes Personen, Gegenstände, Gebäude oder Landschaften zu sehen? Wenn ja, welche Besonderheiten gibt es? • Welche Stimmung vermittelt das Bild? • Mit welchen Farben wurde gearbeitet?
Schluss	Der Schluss der Beschreibung stellt eine kurze Zusammenfassung des Hauptteils dar. Hier werden die wesentlichen Merkmale des Beschriebenen erneut aufgegriffen. Zudem ist die Absicht des Künstlers zu erklären. Hier können folgende Fragen hilfreich sein: • Welche Absicht verfolgt der Künstler mit diesem Bild? • Welche Aussage möchte der Künstler mit dem Bild ausdrücken?

Kreative Texte

• **der Aufbau von Geschichten und Erlebniserzählungen**

Einleitung	Die Einleitung einer Geschichte gibt einen Überblick über die Situation der Geschichte. Aus diesem Grund sollte der Leser erfahren, wie die Hauptfigur heißt und was die Hauptfigur beschäftigt. Inhaltliche Fragen, anhand derer eine Orientierung stattfinden kann, sind dabei: • Wo? • Wann? • Wer? Das Ziel der Einleitung ist es, das Interesse des Lesers zum Weiterlesen zu wecken.
Hauptteil	Im Hauptteil der Geschichte wird das Erlebte der Hauptfigur in verschiedenen Handlungsschritten beschrieben. Hierzu sollte die Geschichte so aufgebaut werden, dass die Spannung bis zu einem Höhepunkt gesteigert wird und dann langsam wieder abflacht. Der Hauptteil beschreibt das Ereignis somit ausführlich. Lebendig wird die Geschichte in diesem Abschnitt durch den Einsatz von wörtlicher Rede sowie der Gedanken und Gefühlen der Personen.
Schluss	Im Kontext des Schlusses der Geschichte muss das Erzählte zu einem Ende gebracht und abgerundet werden. Der Schluss sollte dabei nicht zu lang sein.

Tipp:

Die Überschrift einer Geschichte sollte immer zum Schluss überlegt werden, damit sie auch wirklich zu der Geschichte passt. Die Überschrift sollte dabei so gewählt werden, dass sie nicht zu viel über den Inhalt verrät.

• **der Aufbau von Nacherzählungen**

Einleitung	Im Rahmen einer Nacherzählung liefert die Einleitung die wichtigsten Antworten auf die nachfolgenden Fragen: • Wer? • Wann? • Wo? **Tipp:** In der Einleitung sollte nicht die Handlung des Hauptteils vorweggenommen werden.
Hauptteil	Der Hauptteil der Nacherzählung liefert die wichtigsten Ereignisse der Handlung. Hier sollten die einzelnen Handlungsschritte entsprechend der Originalgeschichte wiedergegeben werden. Dabei führt der Hauptteil zum Höhepunkt hin. Inhaltlich wird die Frage beantwortet, was passiert ist. **Tipp:** Im Hauptteil sollten Vermutungen, das Weglassen von wesentlichen Inhalten sowie die Ergänzung von zusätzlichen Figuren, die nicht in der Originalgeschichte vorhanden sind, vermieden werden.
Schluss	Im Schlussteil geht es darum, das Ende der Handlung entsprechend der Originalgeschichte wiederzugeben.

• **der Aufbau von lyrischen Texten**

Wie du bereits erfahren hast, unterscheiden sich lyrische Texte von anderen Textarten, weshalb sich ein anderer Aufbau wiederfindet. Besonders auffällig ist dabei der Aufbau mit **Strophen** und **Versen**:

Als Strophe bezeichnet man dabei den Abschnitt eines Gedichts, der sich aus mehreren Versen (Zeilen) aufbaut.

Beispiel:

Es war einmal ein kleiner Bär

Es war einmal ein kleiner Bär,
der hopste fröhlich durch das Gras umher.
Freunde hatte er leider kaum,
aber den Wunsch, dies auszubauen.

Er war bereit, hierfür alles zu geben,
Freunde wollte er schon sein ganzes Leben.
Bären gab es in diesem Wald schon lange nicht mehr,
deshalb war es für den kleinen Bären sehr schwer.

So hob er seinen Kopf und blickte in den Himmel,
Oh was ist das? Ein kleiner Hoffnungsschimmer?
Da flog er – sein neuer Freund,
ein großer Adler, der am Himmel umherstreunt.

Die Umrahmungen zeigen dir am Beispiel jeweils die einzelnen Strophen. Das obige Gedicht hat somit drei Strophen. Jede dieser Strophen besteht dabei aus vier Versen (Zeilen). Somit ergeben mehrere Zeilen zusammen eine Strophe. Bei der Gestaltung eines Gedichts kann die Anzahl der Strophen sowie die Anzahl der Verse je nach Gestaltung durch den Dichter variieren. Daneben können Gedichte aufgrund ihres Reimschemas unterschieden werden. Hier hast du sicherlich schon einmal von den bekanntesten Reimformen, dem Paarreim, dem Kreuzreim und dem umarmenden Reim, gehört.

• Der **Paarreim** folgt dem Schema aa, bb.

Beispiel:

(a) Die Handwerker sind so nett,
(a) sie sägen im Garten jedes Brett.
(b) Die Küche wird geputzt,
(b) sodass es die Schränke nicht verschmutzt.

• Der **Kreuzreim** folgt dem Schema ab, ab.

Beispiel:

(a) Zwei Segel flogen schnell im Wind.
(b) Die Sonne strahlte auf die tiefblaue Bucht!
(a) Der Wind er blies geschwind.
(b) Alle Menschen ergriffen indessen die Flucht!

• Der **umarmende Reim** folgt dem Schema abba.

Beispiel:

(a) Kinder trampelten im Hof im engen Kreis.
(b) Der Blick stets auf dem bunten Ball im Raum.
(b) Nun war er weg. Verschwunden hinter einem großen Baum.
(a) Kurz darauf, man glaubt es kaum, da ist er wieder: Fast alle hatten sie Angstschweiß.

Nicht alle lyrischen Texte reimen sich. Meist verwenden lyrische Texte zudem eine sehr bildhafte Sprache.

Gemischte Textformen

Der Aufbau von Briefen und E-Mails

Briefe und E-Mails folgen einer besonderen Form. Beide beginnen mit einem einfachen Briefkopf, in dem Ort und Datum festgelegt werden. Diese kannst du in die obere rechte Ecke eintragen. Etwa eine oder zwei Zeilen später folgt dann die persönliche Anrede. Hier sprichst du die Person an, an die sich der Brief beziehungsweise die E-Mail richtet. Die Anrede wird dabei mit den nachfolgenden Anredeformeln vorgenommen:

- Liebe / Lieber ...,
- Hallo ... ,
- Sehr geehrte / geehrter Frau / Herr ... (bei offiziellen Briefen / E-Mails),

Die Anredezeile wird immer mit einem Komma beendet. In der darauffolgenden Zeile beginnt dann der eigentliche Text des Briefes. Da du in der vorangegangenen Zeile ein Komma verwendet hast, wird hier klein weitergeschrieben, sofern es sich nicht um ein Nomen, also ein Namenwort, handelt. Zum Ende des Brief- oder E-Mail-Textes folgt eine Schlussformel, die den Abschluss des zuvor Geschriebenen markiert. Folgende Beispiele kannst du hierbei, je nach Anlass, nutzen:

- Ich freue mich auf deine Antwort.
- Ich freue mich auf Ihre Rückmeldung. (beispielsweise für offizielle Briefe)

Dieser Schlusssatz wird mit einer Grußformel und der Unterschrift in der Schlusszeile abgerundet:

- Mit freundlichen Grüßen (bei offiziellen Briefen / E-Mails)
- Liebe Grüße
- Viele Grüße

Der Aufbau von Essays und Kommentaren

Einleitung	Die Einleitung dient bei Essays und Kommentaren dazu, das jeweilige Thema einzuleiten. Hier sollte der Leser mit spannenden Fakten zum Weiterlesen angeregt werden. Zudem verfügt ein Essay in der Einleitung bereits über die zentrale Fragestellung, die bearbeitet werden soll. Diese wird hier bereits erläutert. Bei der Formulierung kannst du dich zudem an den nachfolgenden Fragestellungen für die Einleitung orientieren: • Warum wurde das Thema ausgewählt? • Welche Bedeutung hat das Thema und warum? • Gibt es bereits Standpunkte zum Thema? Welche Sicht wird vertreten? • Welche Sicht vertrete ich? • Welche Meinung habe ich zum Thema?
Hauptteil	Im Hauptteil eines Essays wird das Thema inhaltlich weiter ausgeführt. Die Fragestellung kann von dir hier erneut aufgegriffen werden. Die Fragestellung belegst du dann im weiteren Verlauf mit eigenen Beispielen. Dabei kannst du auf Fakten oder Argumente aus anderen Texten, die sich mit dem Thema beschäftigt haben, zurückgreifen, da diese deine Argumentation bestärken. Für die Form solltest du darauf achten, dass jedes Argument in einem eigenen Abschnitt dargestellt und mit einem Beispiel belegt wird. Durch eine Überleitung kannst du dann die einzelnen Abschnitte miteinander verbinden. Hierzu kannst du beispielsweise die nachfolgenden Formulierungen einsetzen: • Zunächst ist zu nennen ... • Darauf aufbauend ... • Am stärksten überzeugt ... • Andererseits sollte berücksichtigt werden ... • Ein weiteres Argument ... • Überzeugender ist jedoch ... • Darüber hinaus ... • Im Folgenden ... • Weiterhin ist zu nennen ... • Daneben kann angeführt werden, dass ... • Das ist daran zu erkennen ...
Schluss	Im Rahmen des Schlusses eines Essays oder Kommentars erhält der Leser von dir ein Fazit zum beschriebenen Sachverhalt. Dieses Fazit sollte dann auf deiner Argumentation innerhalb des Hauptteils aufbauen. Hier sollte nochmals deine persönliche Meinung deutlich gemacht und die wichtigsten Argumente sollten aufgegriffen werden. Allerdings solltest du selbige an dieser Stelle nur nennen und nicht nochmals ausführlich ausführen, um Wiederholungen zu vermeiden. Darüber hinaus solltest du im Schlussteil Lösungsvorschläge liefern oder dein Thema mit einem ähnlichen Thema vergleichen. Beispielhaft kannst du hierzu die nachfolgenden Faktoren verwenden: • Aus diesen Gründen ... • Daran zeigt sich ... • Insgesamt zeigt sich ... • Zusammenfassend ist zu sagen ... • Für mein Dafürhalten ... • Für meine Argumentation spricht die Tatsache, dass ... • Meiner Meinung nach überzeugt ... • Meines Erachtens ... • Zusammenfassend kann gesagt werden, dass ... • Mit Blick auf den Zusammenhang lässt sich sagen, ...

Damit du das im Übungsbuch erworbene Wissen erproben kannst, erhältst du nachfolgend einige Übungen. Im Rahmen der Übungen soll es darum gehen, anhand kurzer Textausschnitte zu erkennen, welcher Kategorie sich der jeweilige Text zuordnen lässt.

Übungen zum inneren Aufbau von Texten

Lies dir die nachfolgenden Textausschnitte genau durch und entscheide, um welche Textkategorie es sich handelt. Nutze hierzu die folgenden Kategorien und hake mithilfe der Kästchen ab, welche Kategorien du bereits verwendet hast:

☐ Bericht

☐ Artikel

☐ Inhaltsangabe

☐ Beschreibung

☐ Geschichte / Erlebniserzählung

☐ Nacherzählung

☐ Lyrischer Text

☐ Brief / E-Mail

☐ Essay / Kommentar

Textausschnitt 1:

Ist dir bewusst, wie wichtig Freundschaft ist?
Die meisten wissen es erst, wenn man sie vermisst.
Ebenso verhält es sich mit der Familie,
sie ist niemals vergänglich wie eine Lilie.
Wer einen Freund hat, hält ihn warm,
denn ohne Familie und Freunde bist du für immer arm.

Es handelt sich um die folgende Textkategorie: ________________________________

Textausschnitt 2:

Hamburg, 30. Januar 2023

Lieber Tim,

ich hoffe, es geht dir gut. Da wir uns schon lange nicht mehr gehört haben, habe ich entschlossen, dir einen Brief zu schreiben. Gerade befinde ich mich im Urlaub. Gemeinsam mit meinen Eltern und Großeltern bin ich in Griechenland und lerne viel über die griechische Kultur. Ich bin traurig, dass wir das nicht gemeinsam erleben können. Bald bin ich wieder zu Hause. Dann treffen wir uns wieder. Bis dahin hoffe ich, dass du gesund bleibst.

Ich freue mich auf dich.

Liebe Grüße,
Tony

Es handelt sich um die folgende Textkategorie: ______________________________

Textausschnitt 3:

Grundsätzlich ist die Nutzung von Quellen aus dem Internet im Rahmen von schriftlichen Arbeiten ein ausgiebig diskutiertes Thema. Eine einheitliche Meinung darüber, ob die Verwendung von Internetquellen erlaubt sein soll oder ob man sie verbieten sollte, existiert nicht. Während einige sich eindeutig gegen die Verwendung von Internetquellen aussprechen, appellieren andere für die Nutzung von Internetquellen, die in heutigen Zeiten eine wichtige Informationsquelle darstellen. Auch meine Meinung für die Nutzung von Quellen aus dem Internet ist uneinig. Daher kann ich beide Argumentationsweisen verstehen. Meine Unentschlossenheit bezüglich des Themas begründet sich vor allem darin, dass ich in der Nutzung sowohl Vor- als auch Nachteile sehe. Zudem führt die Tatsache, dass so viele negative Meinungen zum Thema existieren, dazu, dass die Verwendung von Internetquellen eher mit Scham verbunden ist. Hier ist die Frage, ob diese Scham tatsächlich begründet ist. Diese sollte vor allem vor dem Hintergrund der Tatsache beantwortet werden, dass ein großer Teil des modernen Lebens unweigerlich im Kontext digitaler Medien stattfindet, weshalb die vorhandenen negativen Meinungen im Rahmen des 21. Jahrhunderts zu überdenken sind.

Es handelt sich um die folgende Textkategorie: ______________________________

Textausschnitt 4:

Martin ist heute unglaublich stolz! Endlich hat er das langersehnte Mountainbike bekommen. Er kann seinen Stolz kaum in Worte fassen. So lange hat er auf diesen Tag warten müssen und jetzt ist sein Wunsch an seinem achten Geburtstag endlich in Erfüllung gegangen. Ein Traum in Schwarz: 21 Gänge, ein Lenker, der nachfedert, wenn er über Hindernisse fährt, und Schutzbleche, die aussehen, als hätte der Wind sie verbogen. Ja, Martin ist wirklich stolz auf sein echt cooles Bike! Deshalb kann er es sich auch nicht verkneifen, bei seiner Freundin Lola ein bisschen anzugeben. „Tut mir leid, Lola. Aber ab jetzt gewinne ich unsere Fahrradrennen. Ich werde dich jedes Mal abhängen!“, erklärt er stolz. Er war sich sicher, ab jetzt werde Lola nur noch seinen Rücken und die Hinterreifen seines neuen Bikes sehen.

Es handelt sich um die folgende Textkategorie: ______________________________

Textausschnitt 5:

MANNHEIM – Am Dienstagmorgen kam es auf der Autobahn zwischen Ludwigshafen und Mannheim zu einem folgenschweren Unfall. Der Unfallhergang ist bisher unklar, weshalb die Polizei um Mithilfe bittet, sofern der Unfallhergang vor Ort wahrgenommen werden konnte.

Es handelt sich um die folgende Textkategorie: ______________________________

Textausschnitt 6:

… Die im Vordergrund verwendeten Farben sind dunkel. Der Himmel steht aufgrund seiner hellen Farben daher im Kontrast dazu. Die Sonne dringt auf dem Bild nicht hindurch, sodass das darunterliegende Tal nicht von Licht durchflutet, sondern schattig ist. Die Felsen, die im Hintergrund des Bildes zu sehen sind, werden hingegen etwas heller dargestellt. …

Es handelt sich um die folgende Textkategorie: ______________________________

Textausschnitt 7:

Die vorliegende Kurzgeschichte „Schatzsuche bei Nacht“, geschrieben von Max Mustermann und veröffentlicht im Jahr 2030, spielt in einer fiktiven Welt und wird von einem neunjährigen Jungen mit dem Namen Tim erzählt, der sich auf die Suche nach einem Schatz begibt.

Es handelt sich um die folgende Textkategorie: ______________________________

Textausschnitt 8:

Am Dienstag, dem 02.08.2022, kam es gegen 20 Uhr zu einem Verkehrsunfall auf der Marienstraße in Hannover. Eine junge Rollstuhlfahrerin im Alter von 23 Jahren kollidierte mit einem Linienbus, der sie beim Überqueren der Straße übersah. Sie wurde schwer verletzt. Der genaue Unfallhergang ist bisher unklar. ...

Es handelt sich um die folgende Textkategorie: ________________________________

Textausschnitt 9:

Auf der Grundlage des Märchens – Der Hase und der Igel

An einem sonnigen Herbsttag entschloss sich der Igel, einen Spaziergang zu machen. Er war fröhlich und sang daher ausgelassen. Währenddessen lief er zum Feld. Auf seinem Weg dorthin traf er einen Hasen, der in dieselbe Richtung wollte wie er. ...

Es handelt sich um die folgende Textkategorie: ________________________________

Lösungen zu den Übungen

Textausschnitt 1:	lyrischer Text
Textausschnitt 2:	Brief / E-Mail
Textausschnitt 3:	Essay / Kommentar
Textausschnitt 4:	Geschichte / Erlebniserzählung
Textausschnitt 5:	Artikel
Textausschnitt 6:	Beschreibung
Textausschnitt 7:	Inhaltsangabe
Textausschnitt 8:	Bericht
Textausschnitt 9:	Nacherzählung

VORBEREITENDE ÜBERLEGUNGEN, THEMENFINDUNG SOWIE SCHLÜSSELWORTE

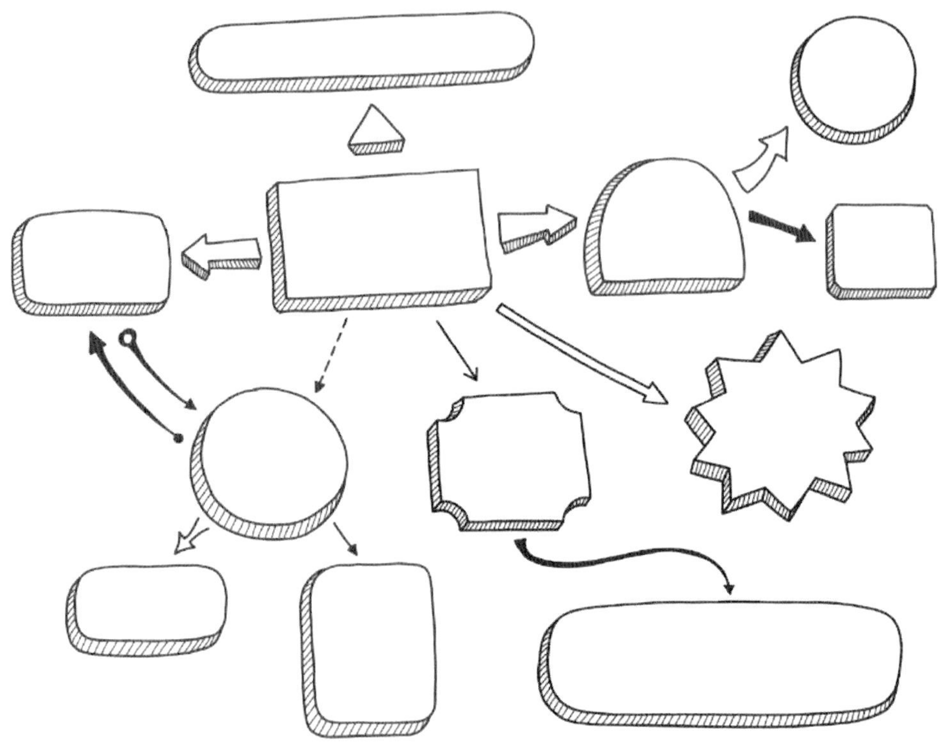

Bevor du dich in das Verfassen eines Textes stürzt, solltest du dir genau überlegen, über welches Thema du schreiben möchtest, sofern das Thema nicht bereits festgelegt ist. Darfst du das Thema frei wählen, solltest du für den Inhalt deines Textes ein Thema wählen, das dich interessiert und begeistert. Auf diese Weise wird es dir leichter fallen, über das Thema zu schreiben, was auch beim Lesen deines Textes spürbar sein wird. Grundsätzlich solltest du vor dem Verfassen deines Textes einige Punkte im Gedächtnis behalten:

- Beim Verfassen deines Textes solltest du dir im Vorfeld überlegen, aus welchem Blickwinkel du diese verfassen möchtest.
- So stellst du eine besonders spannende Darbietung sicher. Konzentriere dich vor dem Schreiben zudem auf den Aufbau der Handlung und plane mithilfe einer Stichwortliste die einzelnen Handlungsschritte im Voraus des Schreibprozesses.
- Verwende für deinen Text lebhafte Sprache und arbeite mit Bildern, die dem Leser im Kopf bleiben. Je lebhafter deine Sprache, desto besser.

- Sei bei der Beschreibung der Charaktere deines Textes kreativ (sofern es sich um eine entsprechende Textkategorie handelt, die hierzu passt).
- Mache dir im Vorfeld des Schreibprozesses für eine Geschichte beispielsweise klar, welche Wendungen deine Geschichte nehmen soll und welche Überraschungsmomente du einbauen möchtest.
- Um dir Inspiration zu holen, kannst du dir andere, bereits vorhandene Werke anschauen. Diese inhaltlichen Elemente solltest du jedoch lediglich als Richtschnur verwenden.

Wenn du keine Ahnung hast, wo du bei der Themenfindung und Suche nach Schlüsselworten anfangen sollst, ist das völlig in Ordnung. So geht es nicht nur dir, sondern auch einigen Schriftstellern, bevor sie mit dem Schreiben beginnen. Für die konkrete Beschaffung von Ideen kannst du dabei unterschiedliche Methoden nutzen, die dir dabei helfen werden, ein Thema sowie mögliche Schlüsselworte für deine Geschichte zusammenzutragen.

Die Cluster-Methode

Mithilfe der Cluster-Methode wirst du dabei unterstützt, Ideen zu finden. Die Cluster-Methode ist daher eine Methode für das kreative Schreiben. Mithilfe der Methode kannst du deiner Fantasie freien Lauf lassen. Die Methode hilft dir im Anschluss dabei, deine Ideen in kreativer Weise zusammenzufassen und dabei den Handlungsverlauf herauszuarbeiten. Diesen Verlauf kannst du aufgrund der Assoziationsketten, die von dir angelegt werden, während deiner Ideensammlung entwickeln. Ähnlich wie bei der Mindmap-Methode wird mithilfe der Cluster-Methode eine Verbindung zwischen den Bildern in deinem Kopf sowie den Worten hergestellt.

So legst du ein Cluster an:

- Das Cluster wird mit dem Cluster-Kern begonnen. Nimm dir zunächst ein weißes DIN-A4-Blatt (oder größer) und platziere dieses quer vor dir.
- In der Mitte des Blattes hältst du das Thema fest, das du dir ausgedacht hast.

Beispiel:

- Dinosaurier
- Freundschaft
- Abenteuer

- Das Wort, das du als Oberbegriff festlegen möchtest, umrandest du mit einem Kreis. Im Anschluss notierst du alle Begriffe, die dir zu diesem Oberbegriff einfallen, und verbindest diese mit dem in der Mitte befindlichen Schlüsselwort.
- Beim Festhalten der Begriffe ist alles erlaubt. Du darfst sowohl deine Ideen als auch deine

Assoziationen und Gedanken erfassen. Versuche, deine Ideen in diesen Schritten noch nicht zu werten und alles aufzuschreiben, was dir in den Sinn kommt.

- Die neuen Wörter und Ideen umkreist du ebenfalls.
- Von jedem neuen umkreisten Wort aus kannst du weitere neue Assoziationen sammeln.

Beispiel für ein Cluster:

Jetzt fragst du dich sicherlich, wie ein Cluster aussieht. Deshalb erhältst du nachfolgend ein Beispiel, damit du dir ein besseres Bild machen kannst.

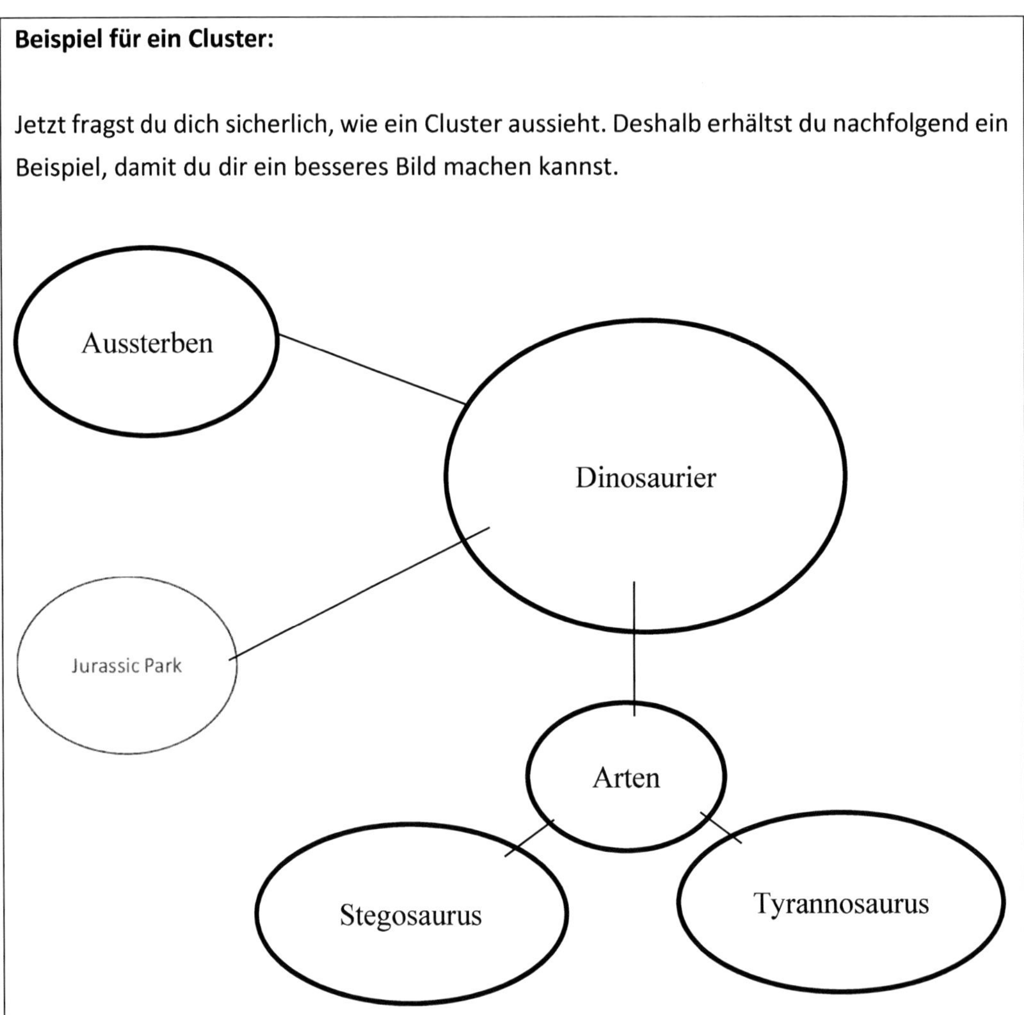

Nachdem du dein Cluster mit allen Ideen angefertigt hast, solltest du es in aller Ruhe betrachten. Dann kannst du dir im Anschluss überlegen, welche deiner eingekreisten Begriffe zusammenhängen. Daraus kannst du dann im Nachgang einen Text aufbauen. Die Verbindung dieser zusammenhängenden Ideen solltest du mit einem Buntstift markieren, sodass sie dir sofort ins Auge springen. Im Rahmen dieses Vorgangs werden dir wahrscheinlich noch weitere Ideen kommen, die du deinem Cluster dann einfach hinzufügen kannst. Diesen Vorgang wiederholst du so lange, bis du eine Reihenfolge für deinen Text siehst. Im Anschluss kannst du dann die einzelnen Kreise nummerieren und auf diese Weise deinen Text vorstrukturieren sowie bereits eine erste inhaltliche Reihenfolge festlegen. Diese Sammlung kann dir dann innerhalb deines Schreibvorgangs als Handlungsstrang und Ideenfundus dienen. Im Schreibprozess solltest du dennoch offen bleiben und dich nicht unnötig unter Druck setzen. Das Cluster muss noch keine endgültige Struktur für deinen Text sein. Solltest du während des Schreibens noch weitere Einfälle haben, darfst du diese natürlich berücksichtigen. Anschließend kannst du dann mit dem nächsten Schritt des Schreibprozesses beginnen.

Die Methode des Mindmappings

Ebenso wie die Cluster-Methode kann die Mindmapping-Methode für die Ideenfindung genutzt werden. Die Methode eignet sich dabei für die Strukturierung von aufkommenden Gedanken und Ideen.

So legst du eine Mindmap an:

- Verwende ein weißes Blatt im Format DIN A4 oder größer und platziere es quer vor dir. In der Mitte des Blattes hältst du das Thema oder Schlüsselwort fest, um das sich deine Überlegungen und Ideen drehen sollen. Dieses Wort kreist du ein.
- Ausgehend von diesem Schlüsselwort führst du weitere Hauptäste (dickere Linien) von deinem Schlüsselwort ab. Am Ende dieser Hauptäste hältst du vertiefende Teilbereiche deines Schlüsselbegriffs fest. Abführend von diesen kannst du weitere Überlegungen unternehmen.
- Willst du dein Gehirn stimulieren, kannst du zu den jeweiligen Worten auch ein passendes Bild zeichnen.

Beispiel für eine Mindmap:

Jetzt fragst du dich sicherlich, wie eine Mindmap aussieht. Deshalb erhältst du nachfolgend ein Beispiel, damit du dir ein besseres Bild machen kannst.

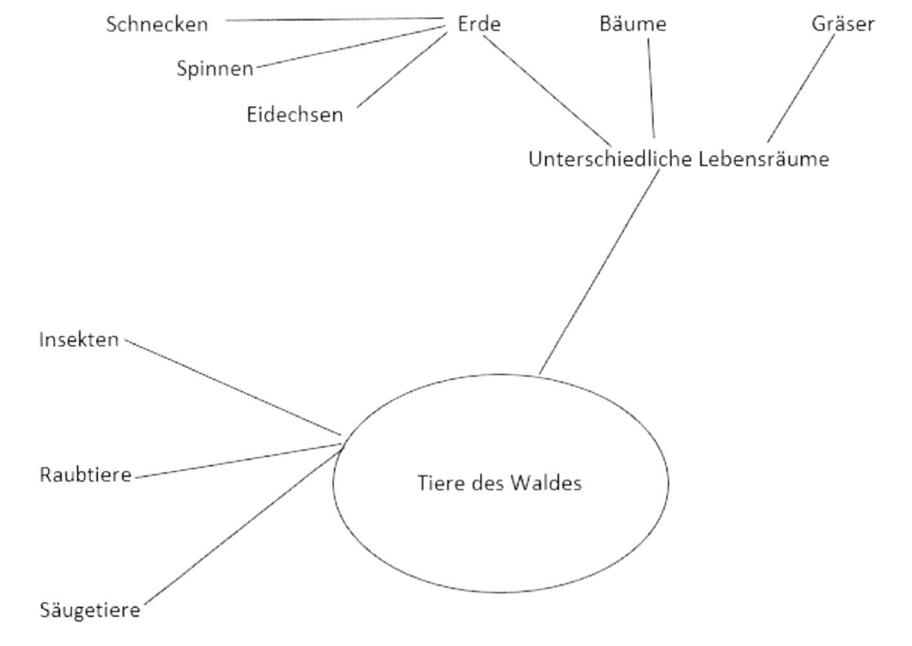

Nachdem du deine Mindmap angefertigt hast, solltest du dir diese in Ruhe anschauen. Überlege dir dann, ob du alle Aspekte bedacht hast. Wenn dir deine Mindmap dann einen guten Überblick über das von dir gewählte Thema liefert, kannst du sie als fertig betrachten. Je nachdem, für welche Textart du die Mindmap angelegt hast, lohnt es sich, die Mindmap im Nachgang noch weiter zu bearbeiten. Hierzu kannst du beispielsweise verschiedene Farben verwenden, um Zusammenhänge zwischen den einzelnen Ideen hervorzuheben. Im Nachgang kannst du dann die jeweiligen Äste mit Nummern versehen, in der Reihenfolge, in der du die Themenbereiche innerhalb deines Textes bearbeiten möchtest. Anschließend kannst du dann mit dem nächsten Schritt des Schreibprozesses beginnen.

PRIORISIEREN

Nachdem du deine Ideen gesammelt hast, ist es für den Schreibprozess wichtig, dass du dich auf die zentralen Elemente, die du in deinem Text verwenden willst, festlegst. Diesen Vorgang nennt man auch Priorisieren. Das heißt, aus der Anzahl deiner Ideen wählst du die Ansätze aus, die dir für das Verfassen deines Textes am besten gefallen und am ehesten miteinander ins Verhältnis gesetzt werden können. Nachdem du ein Cluster oder eine Mindmap zu deinem Thema angelegt hast, ist es daher wichtig, dass du dir deine Gedankenkarte noch einmal anschaust. Da du bereits eine mögliche Reihenfolge durch die Nummerierung deiner Ideen vorgenommen hast, kann es nun sinnvoll sein, wenn du diese Nummerierung gedanklich erneut durchspielst.

Vorbereitung für die Methode der Priorisierung:

- Nimm deine Mindmap oder dein Cluster zur Hand.
- Platziere neben deiner Mindmap oder deinem Cluster ein weißes Blatt Papier.
- Beschrifte das Blatt am oberen Rand mit deiner Überschrift (dein Thema).
- Im nächsten Schritt gehst du die von dir vermerkten Ziffern erneut durch.
- Alle Ziffern, die du für sinnvoll erachtest, schreibst du nun in der von dir festgehaltenen Reihenfolge auf das Blatt. Sollten dir hier bereits erste inhaltliche Ideen kommen, kannst du diese in Stichworten unter dem jeweiligen Schlüsselwort festhalten.

Nachdem du deine Inhalte nochmals überarbeitet hast, geht es darum, festzulegen, welche Ziele du mit deinem Text verfolgst. Jetzt wirst du vermutlich denken, dass das Ziel deines Textes ein perfekter Text ist. Das ist nachvollziehbar. Dennoch ist es wichtig, dass du dir aus diesem Wunsch heraus überlegst, welche Ziele innerhalb deines Schreibprozesses priorisiert werden sollen. Dieser Schritt ist wichtig, damit du innerhalb deines Schreibprozesses fokussiert an deinem Text arbeiten kannst. Ziele können für deinen Schreibprozess vor allem dann schwierig sein, wenn die von dir festgehaltenen Ziele im vorgegebenen Rahmen nicht zu berücksichtigen sind. Aus diesem Grund nimmt die Methode der Priorisierung eine Staffelung der Ziele wie folgt vor:

So wendest du die Methode der Priorisierung an:
Im Rahmen der Methode priorisierst du deine Ziele für deinen Text entsprechend den nachfolgenden Punkten:

- **Ziele der Priorität A = Muss-Ziele**

Mit den Muss-Zielen definierst du Bestandteile, die in deinem Text zwangsläufig enthalten sein müssen. Hier kannst du dir beispielsweise die Frage stellen, welche inhaltlichen Themen in Bezug auf das von dir gewählte Thema in jedem Fall Berücksichtigung finden sollten.

- **Ziele der Priorität B = Soll-Ziele**

Ziele der Priorität B beziehen sich auf deine eigenen Erwartungen sowie auf die Erwartungen, die deine Leser (zum Beispiel deine Lehrerin oder dein Lehrer beim Lesen deiner Hausaufgabe oder die Erwartung, die sich durch die jeweilige Aufgabenstellung ergibt) haben könnten.

- **Ziele der Priorität C = Kann-Ziele**

Die Kann-Ziele werden auch als Wunsch-Ziele bezeichnet. Sie sind daher als Bonus zu verstehen und können von dir, je nach Thema, so gewählt werden, dass sie zu deinen Inhalten passen.

Für die Festlegung der jeweils wichtigen Punkte solltest du genau überlegen, welche Bedeutung das entsprechende Thema für den Gesamtzusammenhang deines Textes hat. Hier solltest du immer auch im Blick behalten, ob es beispielsweise eine Aufgabenstellung gibt, an der du dich orientieren musst oder die dir möglicherweise bestimmte Aspekte im Vorfeld festlegt. Im nächsten Schritt kannst du dann mit der Gliederung deines Textes beginnen.

EINE GLIEDERUNG SCHREIBEN

Möchtest du eine Gliederung verfassen, musst du dich dabei zunächst an den jeweiligen Vorgaben der Textkategorie, für die du die Gliederung anfertigen möchtest, orientieren. Die entsprechenden inhaltlichen Informationen zum Aufbau der entsprechenden Textkategorien hast du bereits innerhalb der vorangegangenen Kapitel des Praxisbuchs erhalten. Hast du dir klargemacht, um welche Textkategorie es sich handelt und wie diese aufgebaut wird, kannst du deinen Schreibprozess durch die Anfertigung eines Schreibplans gliedern.

Schreibpläne sind in vielen schulischen Schreibsituationen sinnvoll und sollen dich bei der Umsetzung deiner Ideen für das Anfertigen eines Textes unterstützen.

In der Praxis kann es daher hilfreich sein, Texte mithilfe eines Schreibplans zu planen. Schreibpläne sind immer dann sinnvoll, wenn du den Auftrag erhalten hast, einen eigenen Text zu verfassen. Dabei spielt es keine Rolle, ob es sich um eine spannende Geschichte oder ein anderes Textformat handelt. Auch bereits angefangene Texte oder Texte, die du zusammenfassen oder umschreiben musst, können mithilfe eines Schreibplans bearbeitet werden. Ein Schreibplan besteht in der Umsetzung aus verschiedenen Phasen:

• Abgleich der Aufgabenstellung

Beim Verfassen eines Textes liegt in der Regel eine Aufgabenstellung des Lehrers oder der Lehrerin vor. Hier wird in erster Linie die gewünschte Textsorte sowie das Thema definiert, das vom Schüler zu verfassen ist.

Beispiel Leserbrief:
Verfasse einen Leserbrief zum Thema Jugendsprache an eine Zeitung.

Tipp:
Hier ist es zunächst wichtig, ein Thema zu finden. Dann sollte überprüft werden, welche Textsorte anzufertigen ist, im Beispiel ein Leserbrief. In diesem Schritt ist es dann auch wichtig, den Zweck des Textes und die Adressaten und Adressatinnen festzulegen beziehungsweise zu erörtern. Im konkreten Beispiel geht es darum, die eigene Meinung zum Thema Jugendsprache darzulegen. Die Adressaten sind dabei die Leser und Leserinnen der Zeitung.

• Planungsphase

Innerhalb der Planungsphase wird überlegt, wie beim Anfertigen des Textes vorgegangen werden soll. Hier wird somit entschieden, was für die Anfertigung der konkreten Aufgabenstellung nötig ist.

Beispiel Leserbrief:

Argumente für die Jugendsprache	**Argumente gegen die Jugendsprache**
• Jugendsprache hilft dabei, sich von Erwachsenen abzugrenzen • Jugendsprache ist ein Teil der jugendlichen Kultur • Jugendsprache ist einfach zu erlernen	• Jugendsprache wirkt sprachlich wie ein Rückschritt in der Sprachentwicklung • Jugendsprache wird nicht von allen verstanden • Jugendsprache ist häufig respektlos

Tipp:

Dieser Schritt kann beispielsweise mithilfe einer Mindmap gelöst werden. Hierzu folgen im weiteren Verlauf des Ratgebers noch weitere Informationen. Alternativ zur Methode des Mindmappings kann eine Tabelle erstellt werden, in der die Ideen zum Thema stichwortartig festgehalten werden können.

• Schreibplan

In diesem Schritt wird geplant, wie der Text geschrieben werden soll. Da fast alle Textformen in einen gleichen Ablauf (Einleitung, Hauptteil, Schluss) gegliedert sind, sollte diese Dreiteilung in den Schreibplan übernommen werden.

Beispiel Leserbrief:

Einleitung:

- Anrede an den Leser
- Nennung des Themas
- Begründung, warum über das Thema geschrieben werden soll

Hauptteil:

- Sammlung inhaltlicher Ideen, die im Text vorkommen sollen
- ganze Sätze werden noch nicht formuliert
- Stichworte sollten jedoch eindeutig sein, damit der Schreibprozess leichter fällt

Tipp:

In diesem Schritt sollte nochmals überprüft werden, ob die Textsorte bei der Anfertigung und Sammlung der Informationen berücksichtigt wurde oder ob weitere Anpassungen vorzunehmen sind. Hier sollte ebenfalls die Zeitform auf die Textsorte hin überprüft werden.

Schluss:

- Zusammenfassung der Stichworte zu einem Ausblick auf das Thema

Im Rahmen des Leserbriefs wird im Schlussteil die eigene Meinung benannt und mit einer Abschiedsformel wird der Leserbrief abgeschlossen. (Achtung: Im Rahmen anderer Textsorten sind andere Elemente üblich!)

• Textproduktion sowie

Nachdem der Schreibplan fertiggestellt wurde, beginnt die Anfertigung des eigentlichen Textes. Hier gilt: Je strukturierter der Arbeitsplan angefertigt wurde, desto leichter wird der Schreibprozess fallen.

• abschließende Überarbeitung.

Im Rahmen der abschließenden Überarbeitung wird der Text erneut inhaltlich überarbeitet. Hier kann beispielsweise die Aufgabenstellung mit dem eigenen Text verglichen und es kann überprüft werden, ob alle Aspekte bedacht wurden. Darüber hinaus sollte kontrolliert werden, ob alle Aspekte des Schreibplans inhaltlich berücksichtigt wurden. Anschließend erfolgt die Überprüfung der Ausdrucksweise und Form. Wurde die passende Textsorte gewählt? Wurde auf umgangssprachliche Äußerungen verzichtet? Wechseln die Satzanfänge ab? Wurden Absätze eingebaut, sodass sich der Text leichter lesen lässt? Nachdem diese Punkte überprüft wurden, erfolgt in einem letzten Schritt die Kontrolle der Rechtschreibung und Zeichensetzung. Hierzu sollte der Text erneut mit voller Konzentration durchgelesen und auf Rechtschreibung, korrekte Satzanfänge sowie die richtige Zeichensetzung kontrolliert werden.

Der Schreibplan zeigt, dass der Aufbau von Texten, je nach gewählter Textform, durchaus kompliziert sein kann. Dennoch solltest du nicht verzweifeln. Grundsätzlich gilt nämlich: Je genauer du deinen Schreibprozess im Vorfeld strukturierst, desto leichter wird es dir im Nachgang fallen, deinen eigenen Text zu schreiben. Die Textkategorie spielt dabei keine Rolle. Zudem kannst du zur Übung, und um ein Gefühl für die Strukturierung von Texten zu bekommen, die nachfolgende Übung durchführen. Die Lösung findest du im Anhang an die Übung.

Übung zum Verfassen einer Gliederung eines Textes

Lies die Einleitungen durch und lege fest, wie die Geschichte beginnen kann. Beurteile dabei, welche Einleitung sinnvoll ist und welche du als nicht sinnvoll erachtest.

	Einleitung	**sinnvoll**	**nicht sinnvoll**
1	Es war einmal ein junger Prinz. Er saß oft stundenlang in einem der Turmzimmer und blickte hinaus. Häufig fühlte er sich einsam.	☐	☐
2	Und wenn sie nicht gestorben sind, dann leben sie noch heute.	☐	☐
3	In einer Stadt in Hamburg stand eines Tages eine kleine Kirche.	☐	☐
4	Nach dem Gottesdienst zog es mich in die Natur.	☐	☐
5	So kam die Maus durch die Hilfe des Löwen wieder frei.	☐	☐
6	Dabei lachte sich der Clown ins Fäustchen.	☐	☐
7	In einer fremden Stadt in der Nähe von München übernachtete einst eine Prinzessin.	☐	☐
8	In der Nacht wurde das Dorf von riesigen Schneemassen bedeckt.	☐	☐
9	Vor vielen hundert Jahren lebten hinter den Bergen noch Menschen. Heute sind die Berge einsam und nur noch selten sind Menschen anzutreffen.	☐	☐
10	Als wenn es gestern gewesen wäre, erinnerte sich Mia plötzlich an ihre Kindheit.	☐	☐

Lösung zur Übungsaufgabe

	Einleitung	sinnvoll	nicht sinnvoll
1	Es war einmal ein junger Prinz. Er saß oft stundenlang in einem der Turmzimmer und blickte hinaus. Häufig fühlte er sich einsam.	☒	☐
2	Und wenn sie nicht gestorben sind, dann leben sie noch heute.	☐	☒
3	In einer Stadt in Hamburg stand eines Tages eine kleine Kirche.	☒	☐
4	Nach dem Gottesdienst zog es mich in die Natur.	☐	☒
5	So kam die Maus durch die Hilfe des Löwen wieder frei.	☐	☒
6	Dabei lachte sich der Clown ins Fäustchen.	☐	☒
7	In einer fremden Stadt in der Nähe von München übernachtete einst eine Prinzessin.	☒	☐
8	In der Nacht wurde das Dorf von riesigen Schneemassen bedeckt.	☐	☒
9	Vor vielen hundert Jahren lebten hinter den Bergen noch Menschen. Heute sind die Berge einsam und nur noch selten sind Menschen anzutreffen.	☒	☐
10	Als wenn es gestern gewesen wäre, erinnerte sich Mia plötzlich an ihre Kindheit.	☐	☒

ÜBUNG: ANFÄNGE WEITERSCHREIBEN

Nachdem du nun bereits ein Gefühl dafür bekommen konntest, wie ein Text (im obigen Beispiel eine Geschichte) eingeleitet werden kann, erhältst du im Rahmen dieses Kapitels eine Übung, bei der du versuchen sollst, die verschiedenen angefangenen Texte aus den in diesem Praxisbuch behandelten Textkategorien fortzusetzen. Eine Lösung hierfür erhältst du nicht, da die Lösung individuell ist. Dein Ergebnis kannst du jedoch mit dem Aufbau und den Merkmalen der unterschiedlichen Textkategorien abgleichen, um dann im Nachgang festzustellen, ob du alles beachtet hast.

Übungen zum Weiterschreiben von Textanfängen

Finde für die nachfolgenden Anfänge eine sinnvolle Fortsetzung entsprechend der jeweiligen Textkategorie. Die Textkategorie findest du oberhalb des Textabschnittes.

Beispieltext: Bericht

Auftrag: Setze den nachfolgenden Bericht sinnvoll fort.

ZWEI SCHWERVERLETZTE UND MEHRERE LEICHTVERLETZTE BEI FLUGZEUGUNGLÜCK

Flugzeug kollidiert bei Landung

Am Dienstagmorgen kam es am Flughafen Hamburg zu einem schweren Unfall. Ein Flugzeug kollidierte bei der Landung mit einem auf der Landebahn befindlichen Fahrzeug, das sich dort unerlaubt aufhielt und beim Landeanflug für den Piloten nicht sichtbar war.

Hier ist Platz für deine Fortsetzung:

___

___

___

___

___

___

___

___

___

___

___

___

Beispieltext: Artikel

Auftrag: Setze den nachfolgenden Artikel sinnvoll fort.

Die Stadt Berlin musste kürzlich feststellen, dass ihr nicht mehr genügend Unterkünfte sowie finanzielle Mittel für die Unterkunft von Flüchtlingen zur Verfügung stehen – so zumindest die Aussage der Bürgermeisterin Franziska Giffey. Inzwischen leben statistischen Werten zufolge allein 100.000 Ukrainerinnen und Ukrainer in der Hauptstadt, wodurch das Angebot an vorhandenen Unterkünften deutlich abgenommen hat. Die Hauptstadt gerät daher mehr und mehr an ihre Grenzen.

Hier ist Platz für deine Fortsetzung:

Beispieltext: Inhaltsangabe

Auftrag: Setze die nachfolgende Inhaltsangabe auf Basis des nachfolgenden Unfallberichts fort.

Die Grundlage der Inhaltsangabe bildet der nachfolgende Unfallbericht. Das fiktive Datum des Unfallberichts beläuft sich auf den 23.07.2022. Er wurde in der Musterzeitschrift Idee herausgegeben.

Zu einem Verkehrsunfall mit vier beteiligten Fahrzeugen kam es am späten Dienstagabend auf der Bundesstraße bei Berlin. Ersten Ermittlungen zufolge sollen die Unfallbeteiligten aus Berlin in Richtung Potsdam gefahren sein. Zeitgleich fuhr eine Fahrzeugführerin unaufmerksam auf einen Autofahrer auf, der verkehrsbedingt halten musste.
Das haltende Fahrzeug wurde auf zwei vorausfahrende Fahrzeuge aufgeschoben. Dabei wurde eine Frau verletzt. Sie musste durch die Rettungskräfte in ein nahegelegenes Krankenhaus gebracht werden. Der entstandene Sachschaden beläuft sich auf insgesamt 55.000 Euro.

Der Unfallbericht aus der Musterzeitschrift *Idee* vom 23.07.2022 handelt von einem Verkehrsunfall in der Nähe von Berlin.

Hier ist Platz für deine Fortsetzung:

Beispieltext: Beschreibung

Auftrag: Beschreibe die Roman-Figur Harry Potter.

Bei der Person handelt es sich um einen Jungen im Alter von 12 Jahren. Er hat dunkles Haar und trägt eine runde Brille mit Rahmen. Auf seiner Stirn trägt er eine auffällige Narbe.

Hier ist Platz für deine Fortsetzung:

Beispieltext: Geschichte

Auftrag: Setze die Geschichte fort.

Es war einmal ein kleiner Frosch. Der lebte an einem riesigen Tümpel. Er war aber nicht der einzige Bewohner des Tümpels. Neben seiner Froschfamilie lebten Stockenten, Teichmolche, Libellen und viele weitere Tiere in, um und am Tümpel des kleinen Frosches. Nicht immer war das Leben am Tümpel friedlich.

Hier ist Platz für deine Fortsetzung:

Beispieltext: Nacherzählung

Auftrag: Setze die Nacherzählung der nachfolgenden Fabel fort:

Die Magd und ihr Körbchen

Ein Mädchen ging mit der Absicht, Milch zu verkaufen, zum Markt. Mit sich trug sie ein Körbchen, das sie für den Transport der Milchflaschen nutzte. Mit dem Geld, was sie aus dem Verkauf der Milchflaschen in ihrem Körbchen verdiente, plante sie, Eier zu kaufen. Diese wollte sie ausbrüten. Die ausgebrüteten Hühner wollte sie dann ebenfalls zum Markt bringen und dort verkaufen, um ihren Gewinn zu steigern. Mit diesem Gewinn, so plante sie, wollte sie weitere Tiere kaufen, um noch mehr Geld zu verdienen und besser leben zu können. Während sie zum Markt lief, war sie nur mit ihren Gedanken um das Geschäft beschäftigt. Und so kam es, wie es kommen musste. In Gedanken versunken stolperte sie, sodass sämtliche Milchflaschen aus ihrem Korb kullerten. Erschrocken blickte sie zu Boden. Dahin der Traum, dabei hatte sie so gut überlegt. Sie sammelte die Scherben auf, seufzte kurz und begab sich dann auf den Rückweg. „Auch wenn es eine gute Sache war, Pläne zu schmieden – manchmal ist es besser, sich auf das zu konzentrieren, was vor uns liegt!", dachte die Milchmagd. Ihr war klar geworden, dass sie sich in Zukunft besser auf das konzentrieren musste, was sie gerade tat, anstatt immer nur mit dem Kopf in den Wolken zu sein, sonst würden ihre Ideen für immer Ideen bleiben und nicht in die Tat umgesetzt werden.

Die Fabel „Die Magd und ihr Körbchen" handelt von einem Mädchen, das auf den Markt geht, um Milch zu kaufen. Sie plant, mit dem verdienten Geld weitere Tiere anzuschaffen, um noch mehr Geld zu verdienen.

Hier ist Platz für deine Fortsetzung:

Beispieltext: Lyrischer Text

Auftrag: Setze das nachfolgende, frei erfundene Gedicht sinnvoll entsprechend des Reimmusters fort.

In einem Wald, da lebte ein Bär,
daran glaubte keiner mehr.
Dennoch war er da,
es war wirklich wahr.

Hier ist Platz für deine Fortsetzung:

Beispieltext: E-Mail

Auftrag: Setze die untenstehende E-Mail fort.

Von: Max.Mustermeier@freierfunden.de
An: Mia.Mustermann@kreativ.de
Betreff: Ihre letzte E-Mail
Sehr geehrte Frau Mustermann, in Ihrer letzten Mail haben Sie um eine Bestätigung bezüglich Ihres Mitgliedsvertrags gebeten, den Sie mit Ihrer vorherigen E-Mail gekündigt haben.

Hier ist Platz für deine Fortsetzung:

____

____

____

____

____

____

____

____

____

____

____

____

____

____

____

____

____

____

____

____

Beispieltext: Kommentar

Auftrag: Setze den nachfolgenden Kommentar fort.

Grundlage für den Kommentar: In der Schülerzeitung wurde das Thema Klimawandel behandelt und nach der Meinung der Leserschaft gefragt. Im Nachgang hatten die Schüler die Möglichkeit, einen Kommentar zu schreiben, der in der nächsten Ausgabe der Schülerzeitung veröffentlicht wird.

Der Klimawandel ist ein wild diskutiertes Thema. Die Eindämmung der Folgen des Klimawandels erfordert eine enorme Kraftanstrengung aller Staaten weltweit. Dabei ist es vor allem wichtig, die Treibhausgasemissionen zu reduzieren, um die Erderwärmung einzudämmen.

Hier ist Platz für deine Fortsetzung:

ÜBUNG: 5 WÖRTER – EINE GESCHICHTE: DIE REIZWORTGESCHICHTE

Nachdem du bereits im vorangegangenen Kapitel eine Übung erhalten hast, mit der du deine Fähigkeiten für das Verfassen von Texten schulen kannst, wirst du auch in diesem und dem folgenden Kapitel weitere Übungen erhalten. Diese werden dir helfen, dich im Verfassen eines Textes zu trainieren und deine Schreibfähigkeiten zu verbessern.

Als du die Überschrift gelesen hast, wirst du dich sicherlich gefragt haben, was es mit dieser auf sich hat. Deshalb wirst du nun zunächst erfahren, was unter dem Begriff der Reizwortgeschichte oder auch der Methode „5 Wörter – eine Geschichte" verstanden wird. Vielleicht musstest du in der Schule auch schon einmal eine Geschichte mit dieser Methode verfassen, ohne dass du wusstest, dass du die Methode anwendest. Was ist eine Reizwortgeschichte also?

Bei einer Reizwortgeschichte sollst du anhand von bestimmten, von der Lehrerin oder dem Lehrer ausgewählten Wörtern, die deine Fantasie reizen sollen, eine Geschichte schreiben. Diese Wörter nennt man auch Reizwörter. Eine Reizwortgeschichte ist also eine von dir ausgedachte Geschichte, die du mithilfe der vorgegebenen Wörter aufbaust. Die Reizwörter sind dabei der Kern deiner Geschichte und besonders wichtig.

Damit du dir besser vorstellen kannst, wie ein möglicher Arbeitsauftrag aussehen kann, folgt nun die Betrachtung von Reizwörtern anhand eines Beispielarbeitsauftrags:

Beispiel:

Schreibe anhand der nachfolgenden Wörter eine spannende Geschichte:

- Urlaub
- Großstadt
- Busfahrerin
- Aufregung
- Kaffee
- Sehenswürdigkeit

Erklärung zur Lösung:

In dieser Reizgeschichte könnte die Hauptfigur beispielsweise Urlaub in einer Großstadt machen. Da sie lange nicht mehr im Urlaub war, ist die Aufregung groß. Als die Hauptfigur endlich am Urlaubsort angekommen ist, verweigert die Busfahrerin die Mitnahme der Hauptfigur. Sie begründet das mit dem Kaffee, den die Hauptfigur gerne mit in den Bus nehmen möchte. Aus diesem Grund entscheidet sich die Hauptfigur, den Weg zum Hotel zu Fuß zu laufen, wobei sie viele Sehenswürdigkeiten entdecken kann.

Für die Bearbeitung des Arbeitsauftrags wäre es nun deine Aufgabe, eine Geschichte zu erfinden, die sich auf diesen Wörtern aufbaut. Für das Verfassen einer Reizwortgeschichte solltest du dir die nachfolgenden Grundsätze merken:

- Eine Reizwortgeschichte folgt dem klassischen Aufbau und besteht daher aus einer Einleitung, einem Hauptteil sowie einem Schluss.
- In deinem Aufsatz sollten alle vorgegebenen Reizwörter vorkommen und eine besondere Rolle spielen.
- Damit die Erzählung lebhafter wird, kannst du die wörtliche Rede einbauen.
- Denke dir eine spannende Überschrift aus, die noch nicht zu viel verrät.
- Kläre vor dem Schreiben die W-Fragen.
- Überlege dir, welches Reizwort du als Mittelpunkt deiner Geschichte festlegen möchtest.
- Achte darauf, dass du innerhalb deiner Geschichte deine Reizworte sinnvoll miteinander verbindest.
- Mit der Verwendung der passenden Verben und Adjektive kannst du dafür sorgen, dass deine Geschichte spannender wird.
- Wiederholungen solltest du innerhalb deiner Reizgeschichte vermeiden.
- Nutze zudem wechselnde Satzanfänge.
- Sollte deine Lehrerin oder dein Lehrer nichts anderes vorgeben, solltest du die Geschichte im Präteritum (Vergangenheit) schreiben.
- Die Reihenfolge der Reizwörter kannst du innerhalb deiner Geschichte frei wählen.
- Meist sind Reizwörter Nomen.
- Achte darauf, dass deine Reizwortgeschichte einen logischen und gut strukturierten Aufbau hat.

Nachdem du nun erfahren hast, worauf es bei dieser Übung ankommt, darfst du dich nachfolgend einmal an deiner eigenen Reizgeschichte ausprobieren.

Übung 5 Wörter – eine Geschichte

Auftrag: Verfasse anhand der nachfolgenden Wörter eine spannende Geschichte:

- Ferien
- Sonne
- Garten
- Baumhaus
- Abenteuer

ÜBUNG: SCHNEEFLOCKEN-METHODE

Auch mit der Schneeflocken-Methode kannst du deine Schreibkompetenz trainieren und verbessern. Nun wirst du dich sicherlich ebenso wie bei der Methode der Reizgeschichte fragen, worum es sich bei der Schneeflocken-Methode handelt. Aus diesem Grund folgt hier die Erläuterung.

Mit der Schneeflocken-Methode kannst du den Entstehungsprozess einer Geschichte strukturieren. Sie gibt dir zahlreiche Zwischenschritte vor, mit denen du im Nachgang eine spannende Geschichte aufbauen kannst. Mit der Methode werden dabei die Handlung sowie die Figuren schrittweise entwickelt, sodass diese gut aufeinander abgestimmt werden können.

Falls du es noch nicht wusstest: Die Methode wird häufig sogar auch von Autoren verwendet, bevor sie einen Roman oder Ähnliches verfassen. Inhaltlich wurde die Methode von einem US-amerikanischen Physiker und Schriftsteller gedacht, der sich das Erstellen eigener Bücher erleichtern wollte. Möchtest du die Schneeflocken-Methode anwenden, solltest du dabei zehn aufeinanderfolgenden Schritten folgen, die aufeinander aufbauen. Ihren Namen hat die Methode übrigens aufgrund der Tatsache, dass der Aufbau und die Struktur der Methode optisch an eine Schneeflocke erinnern. Nun aber zur Umsetzung. Nachdem du eine konkrete Idee für deine Geschichte hast, folgst du bei der Anwendung der Schneeflocken-Methode den nachfolgenden Schritten:

Schritt 1: Die Geschichte in einem Satz zusammenfassen

Im Rahmen des ersten Schrittes der Methode ist es das Ziel, deine Geschichte in einem Satz zusammenzufassen. Im ersten Moment klingt dieser Schritt leicht, in der Wirklichkeit kann dies jedoch ganz schön schwer sein. Damit es dir leichter fällt, kannst du dich an den nachfolgenden Grundsätzen für diesen Schritt orientieren:

- Achte darauf, dass dein Satz maximal 15 Worte enthält.
- Versuche, innerhalb deines Satzes der Handlung nicht vorzugreifen, sondern so weit es geht zu verallgemeinern.
- Verwende in deinem Satz keine Charakternamen.
- Schreibe den Satz aus der Sicht des Hauptcharakters.
- Beim Verfassen des Satzes solltest du dich an den nachfolgenden Fragen orientieren: Was ist das Ziel? Wovon soll die Geschichte handeln?

Beispiel:

Ein Zwerg muss einen Ring zerstören, um die Welt vor bösen Mächten zu beschützen.

Schritt 2: Drei Katastrophen und eine Lösung

In diesem Schritt ist es deine Aufgabe, fünf Sätze für deine Geschichte zu formulieren. Dabei kannst du dich an den nachfolgenden Vorgaben orientieren:

- Der erste Satz:

Im ersten Satz beschreibst du die Hauptperson, den Handlungsort, den Zeitpunkt sowie den Hintergrund und den Aufbau deiner Geschichte.

- Der zweite Satz:

Innerhalb des zweiten Satzes beschreibst du die erste Katastrophe (zum Beispiel ein Konflikt zwischen den handelnden Personen), mit dem sich die Hauptperson deiner Geschichte konfrontiert sieht.

- Der dritte Satz:

Im dritten Satz beschreibst du die zweite Katastrophe, die sich ergibt, während dein Hauptcharakter versucht, den ersten Konflikt zu lösen.

- Der vierte Satz:

Im vierten Satz behandelst du dann die dritte Katastrophe, der sich deine Hauptfigur stellen muss.

- Der fünfte Satz:

In diesem Satz löst du deine Geschichte auf und beschreibst das Ende.

Achtung: Natürlich muss deine Geschichte nicht zwangsläufig aus drei Konflikten bestehen. Dieses Vorgehen ist vielmehr als Richtwert oder roter Faden zu verstehen. Sollte deine Geschichte keine Konflikte oder Katastrophen aufweisen, kannst du die Sätze auch nutzen, um die wichtigsten Handlungspunkte innerhalb deiner Geschichte zu beschreiben.

Schritt 3: Die Hauptfiguren

Im dritten Schritt geht es inhaltlich um deine Hauptfiguren. Hier beschreibst du ihre Eigenschaften. Orientiere dich dabei an den nachfolgenden Leitfragen, um es dir leichter zu machen:

- Wie lautet der Name oder wie lauten die Namen der Hauptfiguren?
- Wie würdest du die Geschichte des Charakters in einem Satz erklären?
- Was treibt den Charakter an?
- Was möchte der Charakter erreichen?
- Was hindert deine Hauptfigur daran, ihr Ziel zu erreichen?
- Was lernt deine Hauptfigur im Rahmen des Verlaufs der Geschichte?

Sollte dir innerhalb dieses Schrittes auffallen, dass die Schritte 1 und 2 noch nicht schlüssig sind, kannst du sie im Rahmen dieses Schrittes anpassen und Veränderungen vornehmen.

Schritt 4: 25 Sätze = ein Skelett

In diesem Schritt kannst du deine Sätze aus Schritt 2 der Methode mit jeweils fünf weiteren Sätzen so ergänzen, dass sich am Ende 25 Sätze ergeben. Beim Verfassen dieser Sätze kannst du dich an den nachfolgenden Leitfragen orientieren:

- Wie und warum wird der Konflikt ausgelöst?
- Welche Personen sind an deiner Geschichte oder einem möglichen Konflikt beteiligt?
- Was macht den Konflikt / den Handlungsstrang aus?
- Wie gehen die handelnden Personen innerhalb des Konflikts / des Handlungsstrangs vor?

Nachdem du diese Sätze verfasst hast, steht das grobe Gerüst deiner Geschichte.

Schritt 5: Was denken deine Charaktere?

In diesem Schritt widmest du dich wieder den Figuren deiner Geschichte. Hierzu verfasst du ein paar Sätze, bei denen die jeweiligen Figuren die Geschichte aus ihrer Sicht beschreiben. In die Beschreibung kannst du die nachfolgenden Leitfragen einbeziehen:

- Was fühlen und denken deine Figuren?
- Welche Charaktere stehen positiv zur Hauptfigur?
- Welche Charaktere stehen negativ zur Hauptfigur?
- Wie entwickeln sich deine Figuren weiter? Lernen Sie im Verlauf der Geschichte etwas?
- Welche Vorstellungen vertreten deine Charaktere?
- Wie würde die jeweilige Figur in den wichtigen Situationen handeln?
- Welche Stärken und Schwächen haben deine Figuren?

Schritt 6: Die Geschichte in einen Entwurf verwandeln

Nachdem du nun bereits einige Vorüberlegungen angestellt und deine Geschichte geplant hast, kannst du nach dem Abschluss von Schritt 5 mit dem Schreiben deiner Geschichte beginnen.

Achtung: Die Schneeflocken-Methode hat ursprünglich zehn Schritte. Da sich diese zehn Schritte jedoch eher am Verfassen eines Romanes orientieren, wurden die Schritte hier entsprechend angepasst.

Bei der Umsetzung der Schneeflocken-Methode solltest du bedenken, dass du dir ausreichend Zeit für Überlegungen vor dem Schreiben nimmst. Achte bei den Vorplanungen darauf, dass du Ideen, die du für die konkrete Handlung hast, immer sofort aufschreibst, auch wenn sie gerade nicht in den jeweiligen Schritt passen, den du gerade bearbeitest. So kannst du später auf deine Idee zurückkommen und vergisst sie nicht wieder. Nun bist du an der Reihe! Nachfolgend findest du daher eine Übung, mit der du die Methode selbst einmal ausprobieren kannst.

Übung zur Schneeflocken-Methode

Auftrag: Plane eine Geschichte mithilfe der Schneeflocken-Methode.

Schreiben wie die Profis – Strategien innerhalb des Schreibprozesses

Im Verlauf des Praxisbuchs konntest du bereits einiges über das Verfassen von Texten lernen und dich an verschiedenen Übungen ausprobieren. Jetzt geht es ans Eingemachte! Der weitere Verlauf dieses Übungsbuchs wird dir nun einige Strategien für den Schreibprozess erläutern, die auch Profis beim Verfassen ihrer Texte verwenden. Solltest du dich nun fragen, was eigentlich mit Schreibstrategien gemeint sein könnte, folgt hier die Auflösung:

Schreibstrategien sind Pläne, die dein Vorgehen beim Schreiben strukturieren. Damit du das komplexe Schreibhandeln erfolgreich bewältigen kannst, kannst du bei der Vorbereitung deiner Texte auf sogenannte Schreibstrategien zurückgreifen. Diese helfen dir bei den jeweiligen Schreibaufgaben, die mit dem Verfassen deines Textes einhergehen. Bei der Anwendung werden Schreibstrategien in einzelne Teilhandlungen, also kleinere Schritte, zerlegt, die aufeinander aufbauen. Beherrschst du eine Schreibstrategie, kannst du diese immer wieder anwenden und aus dem Gedächtnis abrufen.

Schreibstrategien spielen somit eine wichtige Rolle, wenn du gute Texte erstellen möchtest. In der Schule werden Schreibstrategien innerhalb von Lernprozessen verwendet. Darüber hinaus unterstützen dich Schreibstrategien auch dabei, dass du genügend Ideen entwickeln kannst, um deine Geschichte zu verfassen. Angst vor dem weißen Blatt benötigst du daher keine. Damit du dir ein besseres Bild von ebendiesen Strategien machen kannst und damit dir das Schreiben in Zukunft leichter fällt, erhältst du nachfolgend einen Überblick über einige Schreibstrategien, die du während des Verfassens von Texten verwenden kannst.

DIE AQUARELL-STRATEGIE (SITTA) – EINE IDEE AUSSCHREIBEN

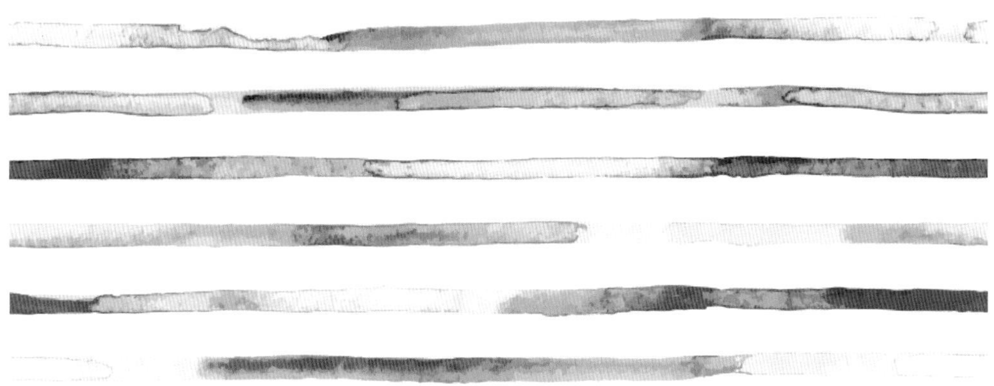

Die Aquarell-Strategie beschreibt einen Prozess, bei dem der Verfasser eines Textes seine Ideen in relativ kurzer Zeit zu einem kompletten Text zusammenbaut. Bei der Anwendung dieser Strategie verwenden die Verfasser nur selten Schreibpläne, Gliederungen oder Ähnliches, was den Schreibprozess strukturiert. Der Text, der auf diese Weise erstellt wird, wird im Nachgang nur selten überarbeitet. Von außen wird davon ausgegangen, dass Menschen, die Texte nach der Aquarell-Strategie verfassen, viel Schreibtalent besitzen. Allerdings sollte bei dieser Strategie nicht vergessen werden, dass die Spontanität, die mit dem Schreiben innerhalb der Aquarell-Strategie verbunden ist, häufig im Aufbau und der Struktur des Textes zu spüren ist. Personen, die dieser Struktur und Strategie folgen, planen ihren Text häufig schon im Kopf voraus. Im Vergleich zu anderen Strategien ist es bei dieser Strategie jedoch nicht möglich, große Änderungen vorzunehmen, da der Text nach dem Aufkommen der Idee heruntergeschrieben wird. Zur Anwendung kommt die Aquarell-Strategie dabei vor allem, wenn ein Thema beim Verfasser einen bestimmten Schreib-„Flow“, also einen unmittelbaren Schreibfluss, auslöst, dem der Schreibende folgen möchte.

DIE ÖLMAL-STRATEGIE (SITTA) – VERSIONEN-SCHREIBEN FÜR KURZE FORMEN

Beim Versionen-Schreiben wird zu einem bestimmten Einfall oder einer Idee eine erste Version des Textes verfasst. Eine umfassende Vorplanung ist bei der Anwendung dieser Strategie nicht nötig. Vielmehr werden die Gedanken nahezu direkt auf Papier gebracht. Das Ergebnis kannst du dann im Nachgang kürzen, anpassen oder miteinander verbinden.

So funktioniert die Ölmal-Strategie:
Hierbei überlegst du dir beispielsweise, wie ein bestimmter Abschnitt deiner Geschichte oder deines Textes aussehen könnte, und schreibst diesen zunächst einmal nieder. Achte hierbei darauf, dass du nicht mehr als 1,5 Seiten oder weniger schreibst, damit sich deine Version leicht überarbeiten lässt. Diese erste Version legst du dann in einem zweiten Schritt zur Seite. Achte dabei darauf, dass du das Blatt mit der ersten Version mit dem Gesicht nach unten legst. Dann setzt du dich erneut hin und schreibst eine zweite Version des von dir ausgewählten Textabschnitts. Die erste Version schaust du dabei nicht mehr an. Diesen Schritt kannst du auch noch ein weiteres Mal wiederholen, wenn du möchtest. Hast du bereits bei einer der ersten Versionen das Gefühl, dass dir der Abschnitt besonders gelungen ist, kannst du diese Version bereits verwenden. Wenn dir aus allen Versionen Aspekte gefallen, kannst du die von dir angefertigten Versionen zu einem Gesamtprodukt zusammenfügen und dir aus jeder Version die passenden Aspekte herausgreifen. So gehst du in der Folge mit jeder Textpassage vor.

Im Vergleich zu anderen Strategien benötigt diese Strategie viel Zeit – zumindest auf den ersten Blick. Auf den zweiten Blick wirst du feststellen, dass dich dieses Vorgehen gar nicht so viel Zeit kostet, wie du vielleicht dachtest. Dadurch, dass du deine Ideen völlig frei herunterschreibst, verschwendest du keine Zeit damit, über die richtige Formulierung nachzudenken, vielmehr kannst du dir aus den von dir verfassten Versionen die beste Formulierung heraussuchen oder eine neue zusammenbauen. Auf diese Weise kommst du schnell ins Schreiben und hast bereits innerhalb kürzester Zeit einen fertigen Text, den du dann weiter ausarbeiten kannst.

Personen, die diese Schreibstrategie wählen, werden auch als die Entdecker unter den Schreibenden bezeichnet. Das liegt vor allem daran, dass sie mit einem ersten Entwurf starten und anhand ihrer Ideen den weiteren Verlauf des Textes planen. Daher hat die Strategie im Übrigen auch ihren Namen. Inhaltlich wird die Methode eher bei kürzeren Texten angewendet.

DIE MAUER-STRATEGIE (SITTA) – MINIATURFORM FÜR ÖLMALSTRATEGIE: SATZ AUF SATZ

Bei dieser Strategie wird ein Text Satz für Satz aufgebaut. Auf diese Weise wird ein Text nach und nach entwickelt. Vom Prinzip funktioniert die Mauer-Strategie ähnlich wie das Versionen-Schreiben. Allerdings wird die Mauer-Strategie dabei auf die kleinstmögliche Einheit, also den Satz, reduziert. Dabei „baust" du so lange an dem einzelnen Satz, bis dieser gut genug ist, dass du mit dem darauffolgenden fortfahren kannst. Demnach wird bei der Mauer-Strategie ein Text dadurch entwickelt, dass Satz auf Satz Gedankengänge ausgefeilt werden.

So funktioniert die Mauer-Strategie:

Zunächst schreibst du einen Satz nieder. Diesen betrachtest du als mögliche Version, um einen Inhalt auszudrücken. Er ist daher ein Baustein deines Textes. Im nächsten Schritt betrachtest du diesen Satz gründlich, formulierst ihn neu und entwickelst eine neue Version dieses Satzes. Auf diese Weise kannst du die einzelnen Sätze Stück für Stück zurechtrücken und ausfeilen, bis du sie als passend erachtest. Dann gehst du zum nächsten Satz über und wiederholst den Vorgang.

Personen, die diese Schreibstrategie wählen, bauen ihren Text Block für Block, also wie ein Maurer seine Steine beim Hausbau, auf. Das Überarbeiten des Textes am Ende fällt ihnen jedoch schwer.

DIE PLANEN-IM-KOPF-STRATEGIE – PLANEN AUßERHALB DES VORGANGS DER TEXTFORMULIERUNG

Bei der Planen-im-Kopf-Strategie wird ein Text erst im Nachgang nach einer gedanklichen Auseinandersetzung mit einem bestimmten Thema verfasst. Im Anschluss wird der Text dann nicht mehr in unterschiedliche Schritte untergliedert, sondern in einem Fluss heruntergeschrieben. Der Vorteil dieser Strategie liegt vor allem darin, dass nicht mehrere Versionen eines Textes angefertigt werden müssen. Stattdessen wird nach gründlicher Überlegung über den Inhalt des jeweiligen Schreibauftrags nur ein Konzept entwickelt, das an einem Stück niedergeschrieben wird. Personen, die beim Schreiben diese Strategie anwenden, haben daher im Vorfeld des Schreibprozesses eine sehr konkrete Vorstellung davon, wie der jeweilige Text aussehen soll, ehe dieser niedergeschrieben ist. Auf diese Weise fällt es leichter, während des Schreibens den Überblick zu behalten. Durch die Vorüberlegungen verringert sich zudem die Gefahr, den roten Faden zu verlieren. Auch die Gefahr, von einem zuvor angefertigten Schreibkonzept abzuweichen, ist bei dieser Form der Schreibstrategie nicht gegeben. Daneben erleichtert dir diese Strategie die Planung deiner Zeit, die für die Bewältigung einer Arbeitsaufgabe (zum Beispiel im Rahmen einer Klassenarbeit) zur Verfügung steht.

DIE ZERLEGUNGSSTRATEGIE

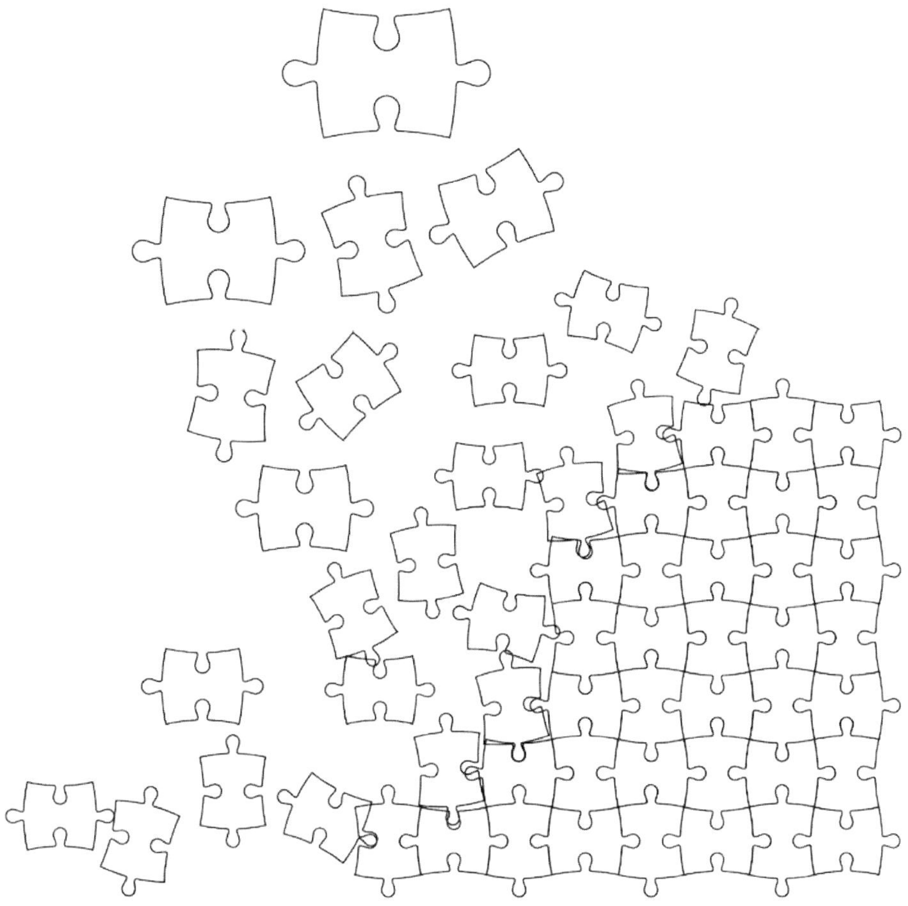

Die Zerlegungsstrategie oder auch das sogenannte zerlegende Schreiben beschreibt eine Schreibstrategie, die den Schreibprozess schrittweise plant. Dabei wird von dir ein Schreibprozess festgelegt und dieser in Einzelschritte untergliedert. In der Regel wird der Schreibvorgang dabei in zwei Phasen unterteilt:

- die Phase des Planens sowie
- die Phase des Formulierens.

Bevor du mit dem Schreiben loslegst, erstellst du dir eine Struktur, der du für das Verfassen deines Textes nachkommen möchtest. Alternativ hast du die Möglichkeit, deinen Text in Einleitung, Hauptteil und Schluss zu zerlegen und die einzelnen Bestandteile unabhängig voneinander zu bearbeiten. Am Ende des Schreibvorgangs werden dann die jeweiligen Teilschritte miteinander verbunden, sodass ein Gesamttext entsteht. Personen, die diese Schreibstrategie wählen, arbeiten in der Regel lieber kleinschrittig.

So funktioniert das zerlegende Schreiben:
Das Prinzip des zerlegenden Schreibens besteht darin, dass du dir vor dem Niederschreiben einen Plan (zum Beispiel einen Schreibplan) anfertigst, der dir im weiteren Verlauf beim Anfertigen deines Textes hilfreich sein soll. Hierzu kannst du dir auch die Hinweise zum Anfertigen eines Schreibplans anschauen.

Für die Zerlegung eines Textes in einzelne Arbeitsschritte kannst du dabei beispielsweise Skizzen, Stichpunkte oder den oben benannten Schreibplan verwenden.

Diese Strategie wird häufig im Kontext von Klassenarbeiten eingesetzt, da die Strategie insgesamt weniger Zeit benötigt, weniger aufwändig ist und den Schreibprozess an sich gut organisiert und strukturiert. Die Vorteile des zerlegenden (planenden) Schreibens besteht darin, dass du beim Verfassen deines Textes einem zuvor überlegten Konzept folgst. So sind deine Überlegungen gut durchdacht und sinnvoll angeordnet. Dadurch, dass du dir das Thema bereits inhaltlich strukturiert hast, wird dir der Schreibprozess, also das Runterschreiben deiner Ideen, wesentlich leichter fallen. In der Schule kann diese Schreibstrategie vor allem sinnvoll bei der Anfertigung von argumentativen Texten eingesetzt werden.

DIE PIRSCH-STRATEGIE

Um das Anfertigen und Verfassen eines Textes zu planen und vorzubereiten, kannst du darüber hinaus die PIRSCH-Strategie anwenden. Mithilfe der Strategie kannst du deinen Schreibprozess ebenfalls in kleinere Schritte zerlegen. Sie verfolgt das Ziel, dein Schreibziel zu klären, Inhalte bereits im Vorfeld zu strukturieren sowie diese sinnvoll zu organisieren.

So funktioniert die PIRSCH-Methode:
PIRSCH ist ein Akronym, also ein aus mehreren Wörtern gebildetes Wort. Die Bedeutung dieses Wortes ergibt sich dabei aus dem Vorgehen der Methode:

- **P = Planen**

In diesem Schritt machst du dir klar, welchen Text du verfassen möchtest. Hierbei kannst du dir die nachfolgenden Fragen stellen:
Welchen Text möchte ich schreiben?
Was will ich mit dem Text erreichen?
Wie will ich das Ziel des Textes erreichen?

- **I = Ideen sammeln und auswerten**

In diesem Schritt geht es darum, erste Ideen zu notieren und auszuwählen. Hierzu sammelst du die Ideen, die dir zum Textthema in den Sinn kommen. Achte hierbei darauf, dass du keine ganzen Sätze formulierst, sondern lediglich Stichworte aufschreibst. Zudem solltest du in diesem Schritt darauf achten, dass du deine Ideen so auswählst, dass sie zu deinem Schritt „P“ passen.

- **R = Reihenfolge festlegen**

Innerhalb dieses Schrittes legst du deine Reihenfolge für die Ideen fest. Versuche dabei, darauf zu achten, dass du den für die Textsorte typischen Aufbau (siehe hierzu das Kapitel über den Aufbau der unterschiedlichen Textsorten) einhältst. Überlege dir dabei, ob deine Reihenfolge stimmig ist, und ändere oder ergänze sie, wenn nötig.

- **SCH = Schreiben**

In diesem Schritt werden die von dir ausgewählten Ideen festgelegt und im Rahmen des Schreibprozesses festgehalten. Hier gehst du konkret dazu über, deine Stichworte in Sätze zu formulieren. Achte hierbei darauf, dass es sinnvoll sein kann, aus manchen Stichworten mehrere Sätze zu formulieren.

- **+ = Überprüfung des fertigen Textes**

In diesem Schritt gehst du dazu über, den Aufbau des Textes letztmalig zu überprüfen. Dabei kannst du auch überprüfen, ob du alle anfangs gesammelten Ideen verwendet und sinnvoll in deinen Text integriert hast. Sollten dir fehlende Ideen auffallen oder weitere in den Kopf kommen, kannst du deinen Text entsprechend anpassen oder ergänzen.

Die PIRSCH-Strategie lässt sich im Übrigen textsortenübergreifend anwenden. Das heißt, du kannst sie für alle dir bekannten Formen von Texten einsetzen, wenn du einen Text strukturieren möchtest.

Texte überarbeiten

Nachdem du einen Text geschrieben hast, ist es immer ratsam, diesen in einem zweiten Schritt erneut zu überarbeiten. Das liegt vor allem daran, dass die erste Rohfassung eines Textes meist noch nicht perfekt ist und möglicherweise noch Fehler enthalten kann. Mit dem Begriff der Überarbeitung ist dabei nicht ausschließlich die Rechtschreibung und Grammatik gemeint, sondern auch weitere Bereiche können überprüft werden. Hierbei orientierst du dich am besten an den nachfolgenden Bereichen:

- Inhalt,
- Aufbau,
- Sprache,
- Rechtschreibung sowie Zeichensetzung.

Der Inhalt

Inhaltlich kannst du einen Text anhand seiner Merkmale bearbeiten. Hierzu schaust du dir beispielsweise die obenstehenden Hinweise zu den unterschiedlichen Textsorten an, die dir zeigen, was du für welche Textsorte beachten musst. Hierzu kannst du dir beispielsweise für jede Textsorte eine Checkliste erstellen (oder die hier aufgeführten Übersichten abschreiben), sodass du die wichtigsten Aspekte auf einen Blick überprüfen kannst.

Beispiel Bericht:

<u>Checkliste für die Erstellung eines Berichts:</u>

☐ Habe ich alle W-Fragen beantwortet?

☐ Habe ich meine Formulierungen sachlich gestaltet und keine persönlichen Wertungen vorgenommen?

☐ Habe ich nur über die wichtigsten Informationen berichtet und Nebensächliches vernachlässigt?

Für die Überprüfung des Inhaltes von Texten kannst du dich daher ganz allgemein bei der Überarbeitung an den nachfolgenden Fragestellungen orientieren:

- Habe ich alle typischen Elemente der Textsorte eingehalten?
- Habe ich die Aspekte der Einleitung im Schlussteil nochmals aufgegriffen?
- Sind die Aussagen deutlich und klar angeführt?
- An welchen Stellen kann der Text noch ausgebessert werden?
- Gibt es Widersprüche?
- Gibt es Wiederholungen?

Der Aufbau

Auch der Aufbau eines Textes hängt stark davon ab, um welche Textkategorie es sich handelt. So wird ein Bericht beispielsweise anders aufgebaut als eine Inhaltsangabe oder ein Kommentar. Willst du den Aufbau deines Textes überprüfen, musst du dir daher die nachfolgenden Fragen stellen:

- Um welche Textsorte handelt es sich?
- Habe ich die Vorgaben der Textsorte eingehalten?
- Sind alle wichtigen Bestandteile, die für den Aufbau des Textes zentral sind, enthalten?

Am Beispiel Bericht:

- **Überschrift**: Habe ich alle Vorgaben zur Überschrift beachtet? Enthält die Überschrift den Unfallzeitpunkt sowie -ort?
- **Einleitung**: Enthält die Einleitung alle wichtigen Informationen knapp? Werden die W-Fragen beantwortet?
- **Schluss**: Werden die Folgen erläutert?

Tipp:
Wenn du deinen Text in Absätzen gestaltest, wird dir das Überprüfen leichter fallen.

Für die Überprüfung des Aufbaus von Texten kannst du dich daher ganz allgemein bei der Überarbeitung an den nachfolgenden Fragestellungen orientieren:

- Sind die Absätze sinnvoll miteinander verbunden?
- Hat mein Text einen roten Faden?
- Ist der Text logisch aufgebaut?
- Gibt es Passagen, die noch klarer formuliert werden müssen?

Die Sprache

Bei der Überprüfung der Sprache solltest du dich auch wieder an der jeweiligen Textsorte orientieren. Hier ist es wichtig, dass du die jeweils passenden sprachlichen Besonderheiten, die mit der Textsorte verbunden sind, einhältst.

Beispiel Bericht:

- Hast du die Vergangenheitsform verwendet?
- Hast du auf abwechslungsreiche Satzanfänge geachtet?
- Hast du darauf geachtet, dass du keine Wortwiederholungen hast?
- Hast du deinen Text sprachlich abwechslungsreich gestaltet?
- Wird die zeitliche Reihenfolge klar?
- Hast du den Satzbau abwechslungsreich gestaltet?

Für die Überprüfung der Sprache von Texten kannst du dich daher ganz allgemein bei der Überarbeitung an den nachfolgenden Fragestellungen orientieren:

- Hat mein Text Passagen, in denen die Sätze zu lang und unverständlich sind?
- Lässt sich mein Text leicht lesen?
- Gibt es Wörter, die sich wiederholen?
- Verwende ich Füllwörter?
- Habe ich eine passende Sprache verwendet?

Die Rechtschreibung und Zeichensetzung

Nachdem du den Text auf die zuvor genannten Bestandteile überprüft hast, ist es wichtig, dass du deine Formulierungen auf Rechtschreibung und Zeichensetzung überprüfst. Hier kann es sinnvoll sein, dass du deinen Schwachstellen (also die Bereiche, die dir bei der richtigen Schreibweise oder Zeichensetzung besonders schwerfallen) besonderes Augenmerk schenkst.

Möchtest du deine Texte überarbeiten, kann es grundsätzlich hilfreich sein, wenn du dir deine Texte laut vorliest. Hierbei kannst du ein Gefühl dafür bekommen, wie sich dein Text anhört und wie er sich lesen lässt. Ebenso kannst du mit Texten von Mitschülern vorgehen, wenn ihr euch zum Korrigieren eurer Texte austauscht. Hierbei kannst du deinen Text auch mithilfe von Fragen überprüfen, wie bereits im vorangegangenen Kapitel erläutert, ob dein Text alle Kriterien erfüllt. Darüber hinaus hast du die Möglichkeit, einzelne Sätze durch Umformulierungen umzustellen, um so eine bessere Struktur zu schaffen. Außerdem kann es hilfreich für dich sein, wenn du Textstellen, die du verändern möchtest, markierst. Auf diese Weise findest du die zu ändernden Textstellen im Anschluss an deinen Leseprozess leicht wieder. Während des Lesens kannst du dir überdies Notizen anlegen, wenn dir etwas auffällt, was nicht ganz stimmig ist oder noch angepasst werden muss. Wenn sich deine Sätze beim ersten Lesen noch nicht so gut anhören oder leicht lesen lassen, kannst du durch das Einsetzen weiterer Satzteile oder das Weglassen überflüssiger Satzteile sogenannte Klangproben durchführen. Als Klangprobe wird ein Verfahren bezeichnet, bei dem du die Sätze deines Textes durch unterschiedliche Betonungen überprüfst.

Grundsätzlich solltest du beim Überprüfen deines Textes im Hinterkopf behalten, dass es nicht darum geht, deinen Text als schlecht zu bewerten. Vielmehr geht es darum, dass du mögliche Schwachstellen deines Textes herausarbeitest und diese so aufarbeitest, dass sie den Vorgaben der unterschiedlichen Textsorten entsprechen. Hast du besonders viel Zeit für die Erstellung deines Textes, kann es hilfreich sein, wenn du den Text einmal für einen Tag zur Seite legst und dann mit neuer Motivation an deinem Text arbeitest. Beim Durchlesen deines Textes kannst du dich zudem an den nachfolgenden Fragestellungen orientieren, um deinen Text zu verbessern:

- Bieten die unterschiedlichen Textabschnitte alle notwendigen Informationen?
- Sind alle wichtigen Informationen enthalten?
- Hast du an manchen Textstellen zu viele Informationen aufgelistet?
- Bist du sprachlich mit dem Text zufrieden?
- Weist der Text Wiederholungen auf?
- Hast du Wörter verwendet, die innerhalb des Satzes keine Bedeutung aufweisen? Man nennt diese Wörter auch Füllwörter. Beispiele für Füllwörter sind dabei: ja, bloß, eher, auch, etwa, eigentlich etc.

Versuche beim Lesen auch, daran zu denken, an wen sich dein Text richtet und welches Ziel die jeweilige Textsorte verfolgen soll. Dann kannst du dich im Anschluss fragen, ob du auch in diesen Aspekten der jeweiligen Textsorte entsprichst. Sicherlich wird dir an dieser Stelle durch den Kopf gehen, dass das ganz schön viele Informationen waren. Damit du einen besseren Überblick erhältst, findest du nachfolgend eine Checkliste, die die unterschiedlichen Überprüfungsmerkmale noch einmal in einer Übersicht für dich festhält.

Checkliste für die Überarbeitung von Texten

Inhalt	• Wurden alle Teilaspekte der Aufgabenstellung erfüllt? • Ist der Text für den Leser verständlich? • Enthält der Text die wichtigsten Informationen?	☐
Aufbau	• Passt der Aufbau des Textes zur Textsorte? • Wurden die W-Fragen beantwortet?	☐
Wortwahl	• Wurden für die Textsorte passende Wörter verwendet? • Werden Wiederholungen vermieden?	☐
Satzanfänge	• Wurden die Satzanfänge variiert?	☐
Zeitformen	• Sind die Zeitformen der Verben passend gewählt?	☐
Groß- und Kleinschreibung	• Wurde die Groß- und Kleinschreibung beachtet?	☐
Zeichensetzung	• Enthält der Text alle Satzzeichen? • Sind die Kommas richtig gesetzt?	☐

Nachdem du nun gelernt hast, nach welchen Kriterien du einen Text überarbeiten kannst, wirst du in den nachfolgenden Kapiteln erfahren, welche Methoden du für die Überarbeitung von Texten einsetzen kannst.

Die inhaltliche Überarbeitung von Texten kannst du mit unterschiedlichen Methoden vornehmen. Eine Methode ist dabei die sogenannte Schreibkonferenz. Innerhalb von Gruppen kannst du diese Methode zusammen mit deinen Mitschülern nutzen, um eine Textüberarbeitung vorzunehmen. Wie ihr dabei vorgeht, erfährst du nachfolgend:

Schreibkonferenz

Wollt ihr gemeinsam eine Schreibkonferenz durchführen, müsst ihr euch in Zweier- oder Dreiergruppen zusammenfinden. Im Anschluss überarbeitet ihr als Textdetektive nach einer bestimmten Schrittfolge gemeinsam eure Texte. Für das Durchführen der Schreibkonferenz benötigt jedes Mitglied der Gruppe einen eigens verfassten Text und eine Kopie davon für jedes weitere Mitglied der Gruppe. Welche Textsorte ihr bearbeiten wollt, spielt für die Schreibkonferenz keine Rolle. Der Ablauf eurer Schreibkonferenz orientiert sich dann im Anschluss am nachfolgenden Ablauf:

1. Zunächst besprecht ihr gemeinsam die Aufgabenstellung, das Thema sowie die Textsorte, die verfasst werden sollte. In diesem Schritt könnt ihr euch dabei auch darüber austauschen, welche Elemente für die Textsorte zentral sind und unbedingt beachtet werden sollten (siehe hierzu vorangegangene Erläuterungen).

Beispiel für eine Aufgabenstellung:
Verfasse einen Leserbrief mit dem Thema „Jugendsprache" für eine Zeitung.
Hier wäre die Textsorte, mit der ihr euch auseinandersetzen müsst, der Leserbrief. Das Thema ist die Jugendsprache. Somit verfolgen die angefertigten Texte das Ziel, die eigene Meinung darzustellen.

2. Bevor ihr euch über eure Texte austauscht und selbige korrigiert, solltet ihr euch darauf einigen, welche Korrekturzeichen Ihr verwendet. Folgende Korrekturzeichen könnt ihr dabei beispielsweise verwenden:

Korrekturzeichen	**Erklärung**
A	Ausdrucksfehler
G	Grammatik
R	Rechtschreibung
Sb	Satzbau
Z	Zeichensetzungsfehler
W	Wortwiederholung oder Wortwahl
?	Mit dem Fragezeichen können unverständliche Textpassagen kenntlich gemacht werden.

3. Im Anschluss wird von jedem Mitglied der Gruppe der Text eines jeden anderen Kindes gelesen. Hier könnt ihr euch beispielsweise am Uhrzeigersinn orientieren. Auf diese Weise kann sich jeder von euch einen Eindruck von den Texten machen. Alternativ kann ein Kind eurer Gruppe seinen Text laut vorlesen. Hierbei solltet ihr darauf achten, dass der Text sowohl langsam als auch deutlich vorgelesen wird. Während eines der Kinder vorliest, könnt ihr euch einen ersten Überblick über den Text verschaffen, der gerade vorgetragen wird.

4. Ganz gleich, welchen Weg ihr wählt: Im nächsten Schritt, wenn das Kind seinen Text vollständig vorgetragen hat, könnt ihr nacheinander die Textelemente benennen (oder markieren – je nachdem, für welches Vorgehen ihr euch entschieden habt), die euch besonders positiv aufgefallen sind. In jedem Fall solltet ihr darauf achten, dass ihr euch an den positiven Aspekten des Textes orientiert.

5. In der zweiten Phase eurer Schreibkonferenz habt ihr für die Umsetzung dann zwei Möglichkeiten:

Möglichkeit 1 Alle Texte werden von allen Kindern gelesen.	**Möglichkeit 2** Jede/r hat einen Schwerpunkt.
Bei diesem Vorgehen wird jeder Text von jedem Kind auf die nachfolgenden Schwerpunkte hin überprüft: • Inhalt und Thema • Aufbau • Rechtschreibung und Zeichensetzung • Satzbau und Sprache • ... (je nach Textkategorie weitere Merkmale)	Bei diesem Vorgehen geht ihr beispielsweise wie folgt vor: • Kind 1 überprüft den Inhalt sowie das Thema des Textes. • Kind 2 überprüft den Aufbau des Textes. • Kind 3 überprüft die Rechtschreibung und die Zeichensetzung des Textes. • Kind 4 überprüft den Satzbau sowie die Sprache des Textes.

Nachdem die Texte auf die unterschiedlichen Aspekte hin überprüft wurden, erhält jedes Kind seinen Text zurück, sodass es in einer dritten Phase der Schreibkonferenz seinen eigenen Text anhand der Anmerkungen und Rückmeldungen der anderen Kinder überarbeiten kann.

Eine weitere Methode, mit der die Überarbeitung eines Textes gelingt, ist das Expertenteam. Diese Methode ähnelt der Schreibkonferenz und auch ihre Überarbeitung und Umsetzung erfolgt innerhalb der Gruppe. Für die Umsetzung benötigst du dabei drei bis fünf Mitschüler. Wie ihr konkret dabei vorgeht, erfährst du nachfolgend:

Expertenteam

Im Rahmen eines Expertenteams wird jedes Kind als Experte seines Spezialgebiets betrachtet. Die Expertenaufgabe ergibt sich dabei aus den Kriterien, die in der Aufgabenstellung für die Erstellung des Textes verlangt sind.

Beispiel für eine Aufgabenstellung:
Verfasse einen Unfallbericht. Orientiere dich dabei an den Vorgaben hinsichtlich des Aufbaus eines Berichts.

Für diese Aufgabenstellung müsst ihr euch zunächst einmal klarmachen, welche Kriterien für die Erstellung eines Berichts wichtig sind.

Zur Erinnerung:

Auf einen Blick: Berichte schreiben

Ziel: Informationen transportieren

Wie?

- neutral und faktenbasiert
- kurz und präzise
- emotionslos

Zeitform: Präteritum

Inhalt & Aufbau:

- W-Fragen eines Berichts beachten
- Einleitung, Hauptteil, Schluss

Nachdem ihr euch den Aufbau der Textsorte klargemacht habt, könnt ihr überlegen, welche Experten ihr benötigt. Im Falle eines Berichts könnte dies wie folgt aussehen:

• Kind A überprüft, ob der Bericht Informationen transportiert.

• Kind B überarbeitet die Texte danach, ob eine neutrale und faktenbasierte Formulierung stattgefunden hat und ob die Sätze kurz und präzise formuliert sind.

• Kind C überprüft, ob alle W-Fragen beantwortet wurden.

• Kind D überprüft die Zeitform und auch, ob die Berichte in eine Einleitung, einen Hauptteil sowie einen Schluss untergliedert sind.

Hinweis:
Auch andere Aufteilungen sind möglich. Ihr solltet ausschließlich sicherstellen, dass alle wichtigen Kategorien abgedeckt sind.

Bevor ihr im Anschluss mit der Überarbeitung der Texte beginnt, kann jeder seinen Text laut vorlesen. Nachdem der Text vorgelesen wurde, könnt ihr mündlich Feedback zum Text geben. Hierbei könnt ihr euch beispielsweise an den nachfolgenden Fragen orientieren:

- Ist der Text verständlich geschrieben?
- Ist der Text entsprechend der Textsorte aufgebaut?
- Gibt es fehlende Aspekte?

Wenn die Einschätzungen abgegeben wurden, darf jeder Experte seiner Arbeit nachgehen und die Texte auf sein Schwerpunktgebiet hin überprüfen.

Tipp:
Bevor ihr loslegt, könnt ihr euch darauf einigen, dass jeder mit einer eigenen Farbe korrigiert. So weiß das Kind, das den Text verfasst hat, bei der Korrektur, auf welchen Bereich sich die Anmerkung bezieht.

Im Rahmen eures Expertenteams solltet ihr darauf achten, dass keiner seinen eigenen Text korrigiert. Solltet ihr euch in der Schule in Expertenteams zusammensetzen, kann es hilfreich sein, wenn ihr eure Texte an eine andere Gruppe gebt, die euch im Gegenzug die eigenen Texte zur Korrektur aushändigt. Sollte dies nicht möglich sein, könnt ihr euch auch anders aufteilen, sodass niemand seinen eigenen Text korrigieren muss. Nachdem alle Texte überprüft und die Anmerkungen entsprechend gesetzt wurden, kann der jeweilige Text zurück zu dem Kind, das ihn geschrieben hat, sodass es ihn im Nachgang überarbeiten kann.

Eine weitere Methode, mit der die Überarbeitung eines Textes gelingt, ist die Textlupe. Bei dieser Methode wird ein Text anhand einer vorgegebenen Checkliste genauer unter die Lupe genommen. Die Methode eignet sich für Gruppengrößen von einem bis fünf Mitschüler. Wie du mit deinen Mitschülern dabei konkret vorgehst, erfährst du nachfolgend:

Textlupe
Bei der Umsetzung wird ein Text von einem Schreiber dabei an einen anderen Schüler weitergegeben, der sich mit dem Text befasst. Für die Umsetzung der Textlupe müssen nicht zwingend Gruppen gebildet werden. Bei der Bearbeitung eines Textes bekommt der Leser des Textes einen Rückmeldebogen, der unterschiedliche Kategorien vorsieht. Diese Kategorien müssen dann im Anschluss an das Lesen des Textes ausgefüllt und dem Schreiber zwecks Ausbesserung zurückgegeben werden. Hier erhält nicht jedes Kind einen Zettel, sondern ein Zettel wird pro Gruppe ausgefüllt.

Die klassische Textlupe arbeitet mit den nachfolgenden Kategorien:

Das hat mir besonders gut gefallen:	**Hier fällt mir etwas auf:**	**Hier habe ich noch Fragen:**

In diese Rubriken werden von den lesenden Schülern Rückmeldungen eingetragen. Diese Rückmeldungen beziehen sich auf die Beobachtungen, die während des Lesens gemacht werden konnten. In die Beobachtungen soll bei den Rückmeldungen auch einfließen, wenn es konkrete Verbesserungsvorschläge gibt. Da die unterschiedlichen Rubriken recht weit gefasst sind und sich manche Schüler damit schwertun, kann die Textlupe in Form einer Checkliste ausgehändigt werden, die bereits weitere Kategorien in den Blick nimmt:

Hierauf sollte geachtet werden:		✓
Überschrift	Macht die Überschrift neugierig? Verrät die Überschrift zu viel über das Thema?	
Einleitung	Werden die W-Fragen mit der Einleitung beantwortet?	
Hauptteil	Erklärt der Hauptteil, was inhaltlich wichtig ist?	
Schluss	Fasst der Schluss die wichtigsten Erkenntnisse zusammen?	
Sinnvolle Satzstruktur	Sind die Sätze sinnvoll formuliert? Sind die Sätze vollständig? Fehlt etwas?	
Variation in den Satzanfängen	Werden unterschiedliche Satzanfänge verwendet? Wird „und“ am Satzanfang vermieden?	
Zeitform	Wurde die für die Textsorte passende Zeitform eingehalten? Stehen alle Verben in derselben Zeitform?	
Passende Verben und Adjektive	Werden unterschiedliche Adjektive verwendet? Werden unterschiedliche Verben verwendet? Wurden unterschiedliche Verben eines Wortfeldes verwendet?	
Satzanfänge	Sind die Satzanfänge großgeschrieben? Passt die Satzstruktur zu der Textsorte? Passen die Satzanfänge zur Textsorte? Enden alle Sätze mit einem Satzzeichen?	

Eine weitere Methode, mit der die Überarbeitung eines Textes gelingt, ist die Methode des Über-den-Rand-hinaus-Schreibens. Diese Methode beginnt im Gegensatz zu den vorangegangenen Methoden mit einer Diskussion mit deinen Mitschülern. Die Gruppengröße ist dabei nicht relevant und kann nach Belieben gewählt werden. Wie du mit deinen Mitschülern dabei konkret vorgehst, erfährst du nachfolgend:

Über-den-Rand-hinaus-Schreiben

Nachdem ihr euch in einer Gruppe zusammengefunden habt, ermittelt ihr in dem euch vorliegenden Text Textpassagen, die beim Lesen noch nicht ganz klar sind oder Fragen offen lassen, sodass der Autor des Textes weiß, dass er an diesen Stellen noch weitere Ergänzungen vornehmen sollte. Bevor ihr mit dem Ermitteln der Textstellen beginnt, unterteilt ihr hierzu den Text in unterschiedliche Abschnitte, die ihr mit Nummern verseht. Im Anschluss kann sich jedes Mitglied eurer Gruppe eine oder mehrere Textpassagen aussuchen und diese bearbeiten. Die Aufgabe beim Überarbeiten ist es dann, konkrete Verbesserungsvorschläge für den Schreiber festzuhalten. Diese können sich sowohl auf den Inhalt als auch auf den Aufbau oder Stil des Textes beziehen. Die jeweiligen Verbesserungsvorschläge erfasst du dann auf einem gesonderten Zettel, der am Rand des Textes, den du gerade bearbeitest, fixiert wird. Nachdem alle Verbesserungsvorschläge angeführt wurden, kann der Schreiber dann entscheiden, welche Verbesserungen er vornehmen möchte.

Möchtest du deinen Text nicht mit Mitschülern korrigieren (manchmal hast du auch keine Mitschüler in unmittelbarer Nähe und musst deinen Text alleine überarbeiten), hast du natürlich auch die Möglichkeit, deine Texte eigenständig zu überarbeiten. Hier bietet es sich an, dass du im Schreibprozess bereits deine Formulierungen und Gedanken hinsichtlich des Verfassens eines Textes überdenkst und, wenn nötig, überarbeitest. Den auf diese Weise vorerst fertigen Textentwurf kannst du dann entweder unmittelbar nach dem Niederschreiben oder zeitlich etwas versetzt (so erhältst du etwas Abstand zu deinem Geschriebenen) überarbeiten.

Darüber hinaus müssen manche Texte unter bestimmten Vorgaben angefertigt werden. In diesen Fällen kannst du dich dann an formulierten Fragen für die Überarbeitung orientieren:

Beispiel für die eigenständige Überarbeitung eines Artikels:
Der Aufbau eines Artikels orientiert sich immer an bestimmten W-Fragen. Bei der Überarbeitung kannst du hier beispielsweise überprüfen, ob du alle Vorgaben eingehalten hast.

Zur Erinnerung – W-Fragen für das Verfassen eines Artikels:

- **Wer** war am Geschehen beteiligt?
- **Was** ist passiert?
- **Wann** ist es passiert? An welchem Tag, um welche Uhrzeit?
- **Wo** hat sich das Geschehene ereignet?
- **Wie** ist es passiert? Wie ist das Geschehene abgelaufen?
- **Warum** ist es passiert?
- **Welche Folgen** hat das Geschehene?

Nachdem du nun einiges über die Überarbeitung von Texten erfahren hast, erhältst du nachfolgend noch einige Übungen, mit denen du deine Fähigkeiten für die Überarbeitung von Texten trainieren und weiter ausbauen kannst. Die Lösung findest du im Anschluss an die Übung. Bitte sieh dir diese erst an, wenn du die Aufgabe gelöst hast.

Übungen zur Überarbeitung von Texten

Übungsaufgabe 1:

Lies dir die nachfolgende Textpassage aus einem Unfallbericht durch. Markiere und berichtige die fehlenden Wörter. Setze hier einen besonderen Schwerpunkt auf

- die Rechtschreibung,
- den Satzbau,
- Wortwiederholungen sowie
- Den Aufbau.

Unfallbericht zu Übung 1

Ein Personenschaden entstand nicht. der Sachschaden wird auf etwa 22.000 Euro geschätzt. Hinweise zum Unfallhergang werden von der Polizei Lübeck erbeten Am Donnerstag, den 02.02.2023, ereignete sich an der Ecke Marschstraße / Mainauweg in Lübeck ein schwerer Autounfall Ein PKW fuhr mit Tempo 50 auf der Marschstraße in Richtung Stadtmitte. Zeitgleich passierte ein weiterer PKW an der Ecke Marschstraße / Mainauweg die inzwischen auf grün geschaltete Ampel als er plötzlich an der Hinterseite vom anderen Fahrzeug erfasst wurde. Der Fahrer des PKWs, der gerade die Ampelanlage passierte, sah das Fahrzeug nicht kommen, weshalb er keine Chance hatte auszuweichen. Abseits der Kreuzung kamen beide Fahrzeuge zum Stillstand, was den Verkehr für einige Stunden lahmlegte. Ein Personenschaden entstand nicht. der Sachschaden wird auf etwa 22.000 Euro geschätzt. Hinweise zum Unfallhergang werden von der Polizei Lübeck erbeten.

Übungsaufgabe 2:

Lies dir den nachfolgenden Bericht durch. Verfügt er über einen korrekten Aufbau? Wie sind die unterschiedlichen Abschnitte einzuordnen? Nummeriere entsprechend. Beachte dabei die Vorgabe der Textsorte.

Bericht	Reihenfolge
Das haltende Fahrzeug wurde auf zwei vorausfahrende Fahrzeuge aufgeschoben. Dabei wurde eine Frau verletzt.	
Sie musste durch die Rettungskräfte in ein nahegelegenes Krankenhaus gebracht werden. Der entstandene Sachschaden beläuft sich auf insgesamt 55.000 Euro.	
Zu einem Verkehrsunfall mit vier beteiligten Fahrzeugen kam es am späten Dienstagabend auf der Bundesstraße bei Berlin. Ersten Ermittlungen zufolge sollen die Unfallbeteiligten aus Berlin in Richtung Potsdam gefahren sein. Zeitgleich fuhr eine Fahrzeugführerin unaufmerksam auf einen Autofahrer auf, der verkehrsbedingt halten musste.	

Lösungen zu den Übungen

Lösungen zur Übungsaufgabe 1:

Am Donnerstag, den 02.02.2023, ereignete sich an der Ecke Marschstraße / Mainauweg in Lübeck ein schwerer Autounfall. Ein PKW fuhr mit Tempo 50 auf der Marschstraße in Richtung Stadtmitte. Zeitgleich passierte ein weiterer PKW an der Ecke Marschstraße / Mainauweg die inzwischen auf grün geschaltete Ampel, als er plötzlich an der Hinterseite vom anderen Fahrzeug erfasst wurde. Der Fahrer des PKWs, der gerade die Ampelanlage passierte, sah das Fahrzeug nicht kommen, weshalb er keine Chance hatte, auszuweichen. Abseits der Kreuzung kamen beide Fahrzeuge zum Stillstand, was den Verkehr für einige Stunden lahmlegte. Ein Personenschaden entstand nicht. Der Sachschaden wird auf etwa 22.000 Euro geschätzt. Hinweise zum Unfallhergang werden von der Polizei Lübeck erbeten.

Lösungen zur Übungsaufgabe 2:

Bericht	**Reihenfolge**
Das haltende Fahrzeug wurde auf zwei vorausfahrende Fahrzeuge aufgeschoben. Dabei wurde eine Frau verletzt.	2
Sie musste durch die Rettungskräfte in ein nahegelegenes Krankenhaus gebracht werden. Der entstandene Sachschaden beläuft sich auf insgesamt 55.000 Euro.	3
Zu einem Verkehrsunfall mit vier beteiligten Fahrzeugen kam es am späten Dienstagabend auf der Bundesstraße bei Berlin. Ersten Ermittlungen zufolge sollen die Unfallbeteiligten aus Berlin in Richtung Potsdam gefahren sein. Zeitgleich fuhr eine Fahrzeugführerin unaufmerksam auf einen Autofahrer auf, der verkehrsbedingt halten musste.	1

Stil und Ausdruck innerhalb von Texten

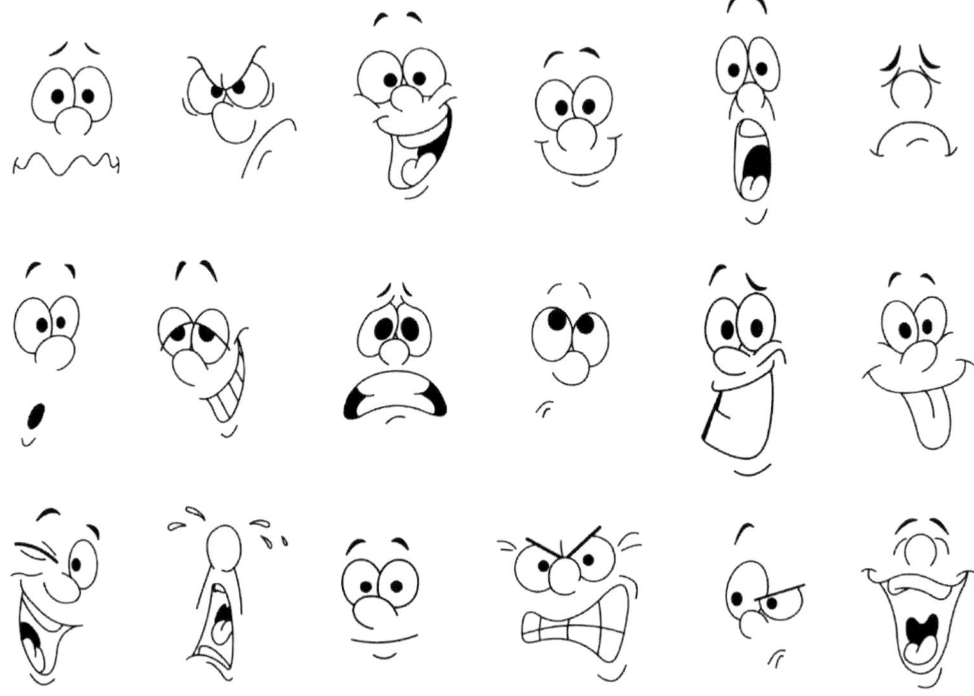

Bei der Verbesserung deiner Texte kommt es natürlich nicht nur auf den Inhalt des Geschriebenen an. Auch der Stil, in dem ein jeweiliger Text verfasst ist, spielt für gute Texte eine Rolle. Kannst du dich innerhalb von Texten gut ausdrücken, kannst du insgesamt bessere Ergebnisse erzielen. Mit dem Schreibstil ist dabei die Art und Weise gemeint, wie du dich innerhalb von Texten ausdrückst. Hierzu zählt beispielsweise deine Wortwahl, die Art und Weise, wie du einen Satz aufbaust, sowie die Fachworte, die du verwendest.

Bevor du erfährst, wie du deinen Stil und deine Ausdrucksweise verbessern kannst, erfährst du zunächst, was einen **schlechten Schreibstil** ausmacht.

• Der Stil eines Textes kann durch die Verwendung zu vieler Fachworte maßgeblich verschlechtert werden. Das liegt vor allem daran, dass der Text dann nicht mehr für alle Menschen gleich verständlich ist.

• Schlechte Texte weisen viele verschachtelte Sätze auf und dehnen die Inhalte (also das, was an Informationen vermittelt werden soll) unnötig aus.

Im Gegensatz zu einem schlechten Schreibstil wird ein **guter Schreibstil** von den nachfolgenden Faktoren gekennzeichnet:

• Gute Texte sind einfach und leicht verständlich formuliert.

• Je nach Textsorte vermitteln gute Texte Informationen anschaulich und gehen dabei möglichst genau vor.

Neben den Aspekten hinsichtlich des Stils sowie der Ausdrucksweise kannst du durch das Beachten einiger Faktoren deinen Text mit wenig Aufwand deutlich verbessern:

Wortwahl und Verwendung von Fremdwörtern

Hinsichtlich der Wahl deiner Worte solltest du dir merken, dass du Fremdworte nur dann verwenden solltest, wenn du auch wirklich die dazugehörige Bedeutung kennst. Verwende in deinen Texten anschauliche und konkrete Wörter.

Beispiel:

• In der Schule neigen viele Schüler dazu, zu betrügen. Besser: In der Schule wird oft betrogen. Einige Schüler schauen auf das Blatt des Banknachbarn, andere werfen einen Blick auf den Ordner unter dem Tisch.

• Manuel ist sich bezüglich seiner Entscheidung unschlüssig. Besser: Manuel weiß nicht, was er bezüglich der unmittelbar anstehenden Entscheidung tun soll.

Verwendung variierender Verben

Darüber hinaus ist es wichtig, dass du bei der Verwendung von Verben für Abwechslung sorgst. Hierzu kannst du beispielsweise auf Wörter innerhalb von Wortfeldern zurückgreifen, die eine gleiche Bedeutung haben, um in deinen Texten für etwas Variation zu sorgen.

Beispiel:

sagen – benennen, bezeichnen, äußern, anweisen, aussprechen, besagen, ausdrücken, ...

Vermeide Abkürzungen!

Außerdem solltest du in deinen Formulierungen auf Abkürzungen verzichten, wenn diese nicht zwangsläufig erforderlich sind.

Beispiel:

Tina ist z. B. genauso groß wie ihr älterer Bruder Tom. Besser: Tina ist beispielsweise / zum Beispiel / etwa genauso groß wie ihr älterer Bruder Tom.

Schreibe Zahlen aus!

In Texten solltest du Zahlen ausschreiben. Hier gilt Folgendes:

- Sehr große Zahlen, wie beispielsweise 132.543, werden ebenso wenig ausgeschrieben wie Dezimalzahlen, wie zum Beispiel 1,7.
- Auch Prozentangaben und Maßangaben werden nicht ausgeschrieben.

Verwende einfache Wörter!

In deinem Text solltest du einfache Wörter verwenden, die deinen Text nicht aufgeblasen wirken lassen.

Beispiel:

- Thematik → besser: Thema
- Problematik → besser: Problem
- im Bildungsbereich → besser: in der Bildung

Regeln für die Verwendung zusammengesetzter Hauptwörter

In einigen Texten werden zusammengesetzte Hauptwörter verwendet. Wenn diese zu lang werden, kann es sinnvoll sein, wenn du diese mithilfe eines Bindestrichs teilst. So lassen sie sich besser lesen.

Beispiel:

- Schülerverwaltungssitzung → besser: Schülerverwaltungs-Sitzung
- Rechtschreibkompetenzraster → besser: ein Raster zur Rechtschreibkompetenz oder ein Kompetenzraster zur Rechtschreibkompetenz

Vermeidung von Füllwörtern

In deinen Texten solltest du Füllwörter vermeiden. Sie wirken aufblähend und verlangsamen den Lesefluss. Zudem haben sie für den Satz keinerlei Bedeutung, sodass dieser auch bei Weglassung des Füllwortes funktioniert. Beispiele für typische Füllwörter sind dabei

- ja
- halt
- auch
- doch
- schon
- denn
- etwa
- nur
- bloß
- eben
- mal
- gar
- ruhig
- eigentlich
- eh
- erst einmal
- gleich
- zumindest
- irgendwie
- quasi
- sozusagen
- ...

Beispiel:

Das Konzert war (echt) ein Erlebnis.
Sie fand ihn (wirklich) nett.
Wenn das Wetter schön ist, (dann) gehe ich in die Berge.
Sie hat (völlig) recht.

Grundsätzlich kannst du dir merken, dass sich dein Schreibstil mit etwas Übung weiter verbessern wird. Je öfter du schreibst, desto leichter wird es dir fallen, den richtigen Stil für deinen Text sowie die richtige Ausdrucksweise zu finden. Darüber hinaus kann es für die Verbesserung deines Schreibstils sowie deiner Ausdrucksweise wichtig sein, dass du das

Lesen zu deiner Gewohnheit machst. Das liegt vor allem daran, dass das Lesen deinen Wortschatz erweitert und dir ein Gefühl dafür vermittelt, wie Worte auf schöne Art und Weise miteinander verbunden werden können. Hierzu kannst du beispielsweise für dich eine bestimmte Zeit am Tag festlegen, in der du dich für einen begrenzten Zeitraum dem Lesen widmest. Mithilfe des Lesetrainings wirst du zudem deine Rechtschreibfähigkeiten verbessern. Mit dem Einführen einer entsprechenden Leseroutine schlägst du somit zwei Fliegen mit einer Klappe.

Tipp:
Besonders geeignet ist die Zeit vor dem Schlafengehen. Hier kann dein Gehirn das Gelesene mit in den Schlaf nehmen und es dann verarbeiten.

Damit sich das Lesen als eine Gewohnheit in deinem Gedächtnis einprägt, muss du sie 21 Tage am Stück durchführen. Leichter wird die Umsetzung deiner Lesegewohnheit, wenn du sie immer zur gleichen Zeit umsetzt.
Da du nun einiges Theoretisches über die Verbesserung deines Schreibstils sowie deiner Ausdrucksweise gelernt hast, sollst du nun im weiteren Verlauf mithilfe von verschiedenen Übungen die Gelegenheit erhalten, dich einmal selbst auszuprobieren und deinen Schreibstil zu trainieren.

Übungen zum Stil und Ausdruck innerhalb von Texten

Übungsaufgabe 1:
Vergiss für einen Moment die Regeln, die du bezüglich des Schreibens in der Schule gelernt hast. Nimm dir einen Zettel und schreibe auf, was dir in den Sinn kommt. Ganz gleich, ob dir spontan eine Geschichte einfällt oder du einfach nur deine Gedanken niederschreibst: Hier geht es um die Übung. Hast du deinen Text fertiggestellt, kannst du damit beginnen, ihn zu verschönern und ihn anhand des Gelernten zu überarbeiten.

Hier ist Platz für deinen Text:

Übungsaufgabe 2:

Verfasse einen Text zu einem beliebigen Thema. Nach der Fertigstellung liest du den Text erneut durch. Dann überprüfst du, welche Wörter (zum Beispiel Füllwörter) du für eine bessere Lesbarkeit weglassen kannst. Achte hierbei besonders auf kurze Sätze und eine verständliche Sprache.

Hier ist Platz für deinen Text:

Übungsaufgabe 3:

Stelle dir einen Wecker auf fünf bis zehn Minuten und nimm dir ein Blatt zur Hand. Dann schreibst du auf, was dir durch den Kopf geht, welche Gedanken dich beschäftigen oder was du am Tag erlebt hast.

Wichtig:

Setze den Stift hierbei nicht ab. Denke nicht darüber nach, was du schreibst, und bewerte nicht, was du geschrieben hast. Wenn dir nichts mehr einfällt, wiederholst du die letzten Wörter, bis dir eine neue Idee kommt. Fällt dir die Übung ohne Thema schwer, kannst du dir auch ein Thema überlegen, über das du für diesen Zeitraum schreibst.

Tipp:

Führst du diese Übung regelmäßig durch, wird sie dir langfristig bei der Verbesserung deines Ausdrucks hilfreich sein.

Hier ist Platz für deinen Text:

Übungsaufgabe 4:
Überlege dir ein Thema, über das du eine Geschichte schreiben möchtest. Dann verfasst du eine Geschichte, die nicht mehr als 100 Wörter aufweist und dennoch alle Bestandteile einer Geschichte (Einleitung, Hauptteil, Schluss) aufweist.

Tipp:
Gerade zu Beginn dieser Übung wirst du feststellen, dass sie sich nicht so leicht umsetzen lässt, wie sie vielleicht klingt. Mit etwas Übung hilft dir das jedoch dabei, deinen Ausdruck zu verbessern und dich auf das Wesentliche zu konzentrieren.

Hier ist Platz für deine Geschichte:

ÜBER DIE VERWENDUNG GÄNGIGER FREMDWÖRTER

Sicher hast du in der Schule schon einmal etwas von Fremdwörtern gehört. **Fremdwörter** sind Wörter, die aus einer anderen Sprache kommen. Meist werden sie anders geschrieben und in einigen Fällen sogar anders gesprochen. Besonders leicht zu erkennen sind die Fremdwörter, die eine besondere Schreibweise aufweisen, welche für die deutsche Sprache eher untypisch ist.

Beispiele:
th: authentisch (= echt wirkend, glaubwürdig)
ph: Paragraph (= Absatz innerhalb eines Gesetzbuches)
ch: Charme (= Anziehungskraft)

Anhand der Schreibweise kannst du in den oben aufgeführten Fällen erkennen, dass es sich um Fremdwörter aus einer anderen Sprache handelt.

Beispiele für Fremdwörter, die aus dem englischen Sprachgebrauch stammen:

- Manager
- Computer

Beispiele für Fremdwörter, die aus dem französischen Sprachgebrauch stammen:

- Bonbon
- Garage

Willst du Fremdwörter richtig schreiben, führt meist kein Weg daran vorbei, die richtige Schreibweise zu lernen. Viele Fremdwörter sind in ihrer Aussprache jedoch schon der deutschen Sprache angepasst. Neben den oben genannten Fremdwörtern gibt es daher auch Fremdwörter, die aus Gründen der Einfachheit in ihrer Schreibweise eher der deutschen Sprache ähneln. Deshalb werden viele dieser Wörter nicht mehr als fremd erkannt. Diese „angepassten" Fremdwörter nennt man dann auch **Lehnwörter**.

Beispiel für ein Lehnwort aus dem Englischen:

- Streik → Das eigentliche Wort kommt von dem englischen Wort „strike" (übersetzt: zuschlagen / streiken) und wird ähnlich ausgesprochen.

Beispiel für ein Lehnwort aus dem Französischen:

- Möbel → Das eigentliche Wort stammt aus dem Französischen und wurde von dem Wort „meuble" (übersetzt: etwas ist beweglich) abgeleitet.

Beispiel für ein Lehnwort aus dem Lateinischen:

- Fenster → Das eigentliche Wort stammt aus der lateinischen Sprache, sodass sich das Wort Fenster von „fenestra" ableitet.

Im Vergleich zu Fremdwörtern sind Lehnwörter ausschließlich aus einer anderen Sprache entlehnt. Das bedeutet, dass ihre Schreibweise sowie die Aussprache vollständig an die deutsche Sprache angepasst wurden. Fremdwörter hingegen sind in aller Regel unverändert aus anderen Sprachen entnommen. Entsprechend wenig angepasst sind sie an die deutsche Sprache. Daneben gibt es aber auch Fremdwörter, die in ihrer Schreibweise verändert wurden. In diesen Fällen sind meist beide Schreibweisen gängig.

Beispiel:

- Paragraph wird zu Paragraf
- Potential wird zu Potenzial
- essentiell wird zu essenziell

Nun wirst du dich sicherlich fragen, woher Fremdwörter kommen und wie sie innerhalb von Texten einzusetzen sind. Viele Fremdwörter gebrauchen wir tatsächlich jeden Tag, ohne dass uns das bewusst ist. Das hast du bereits an den oben aufgeführten Beispielen gemerkt. Dennoch gibt es auch andere Fremdwörter, die exotischer sind und sich nur schwer aussprechen lassen. Der Grund dafür, warum es innerhalb der deutschen Sprache Fremdwörter aus anderen Sprachen gibt, liegt darin, dass es im Laufe der Geschichte Völkerwanderungen gegeben hat. Damit ist gemeint, dass Menschen von einem Ort an einen anderen Ort auf der Welt gewandert sind und sich weit weg von ihrer Heimat neu angesiedelt haben. Mit der Ansiedlung an einem neuen Heimatort haben sie auch ihre Sprache mitgebracht, welche dann Einfluss auf die bestehende Sprache am neuen Heimatort genommen hat.

Auch heute kannst du diese Entwicklung noch beobachten, wenn sich Kulturen (zum Beispiel auf Reisen, in der Wirtschaft oder der Politik) austauschen. Auf diese Weise gelangen fremde Wörter aus unterschiedlichen Themengebieten in eine andere (unsere) Sprache. So kommt es, dass die deutsche Sprache mit der Zeit um Begriffe aus den verschiedensten Sprachen erweitert wird. Die deutsche Sprache hat etwa 60.000 Fremdwörter, die von uns regelmäßig verwendet werden. Die Gründe für die Verwendung von Fremdwörtern können daher ganz unterschiedlich sein. Während manche Wörter aus anderen Sprachen für den gleichen Sachverhalt einfach schöner klingen, werden andere Fremdwörter verwendet, um zu zeigen, wie hoch das Maß an Bildung ist. Darüber hinaus gibt es Wörter, die international, also auf der ganzen Welt, gelten und dadurch die Kommunikation erleichtern. Auf diese Weise ermöglicht die Nutzung von Fremdwörtern den Zugang zu fremden Kulturen und erweitert deinen Wortschatz. Beim Verfassen von Fachtexten könnten Fremdwörter außerdem das Verständnis des behandelten Themas erleichtern. Bei deinem Leser kannst du durch die Verwendung von Fremdwörtern die Neugier wecken und ihn dazu anregen, etwas dazuzulernen.

Auch wenn es Fremdworte gibt, solltest du wissen, dass du diese nicht immer verwenden musst. Für die meisten Fremdwörter gibt es sogenannte **Synonyme**, also Worte, die du anstelle von Fremdwörtern verwenden kannst, die aber die gleiche Bedeutung aufweisen:

Beispiele für Fremdworte und Synonyme:

Fremdwort	Synonyme
relaxen	sich entspannen, sich ausruhen, sich erholen, verschnaufen, eine Pause einlegen, nichts tun, ausspannen, verschnaufen
Chef/Chefin	Arbeitgeber/in, Vorgesetzte/r, Geschäftsführer/in, Leiter/in
Ressourcen	Inventar, Materialien, Reserven, Kapazitäten, Rohstoffe, Vorräte
abnorm	krankhaft, von der Norm abweichend
Handout	schriftliche Unterlagen, Informationsblatt zu einem Vortrag
eloquent	wortgewandt, sprachgewandt
fragil	zerbrechlich

Bei der Verwendung von Fremdwörtern solltest du aber immer auch sicherstellen, dass sie von deinen Lesern verstanden werden. Dabei gilt bei der Verwendung von Fremdwörtern grundsätzlich, dass deine Texte schwerer zu verstehen sind, je spezieller du deine Fremdwörter wählst. Dann kann es sein, dass der Leser deines Textes das jeweilige Wort nachschlagen muss, um den Text zu verstehen. Zudem solltest du immer sicher sein, dass du die von dir gewählten Fremdwörter im richtigen Bedeutungszusammenhang verwendest.

Sicherlich wirst du dich nun fragen, wann du ein Fremdwort verwenden solltest. Hier gilt: Ob du ein Fremdwort verwenden solltest oder nicht, hängt von vielen unterschiedlichen Faktoren ab. Zu diesen Faktoren gehören

- der gewählte Schreib- und Sprachstil,
- die Zielgruppe deines Textes sowie
- dein eigener Anspruch an deinen Text.

Ob du Fremdworte in deinem Text verwenden möchtest, liegt in erster Linie bei dir. Beschäftigt sich dein Text mit einem bestimmten Thema, das die Verwendung von Fremdwörtern erforderlich macht, kann die Verwendung von Fremdwörtern sinnvoll sein. Grundsätzlich kannst du dich hierbei fragen, ob du einen schwierigen Begriff auch durch einen leichteren ersetzen kannst (siehe obiges Beispiel Fremdwörter – Synonyme).
Abschließend findest du nun noch eine kurze Übung zum Thema Fremdworte.

Übung zur Verwendung gängiger Fremdwörter

Nachdem du nun einiges über Fremdwörter gelernt hast, kannst du selbst einmal überlegen, welche Fremdwörter du kennst. Hierzu kannst du dir einen Wecker stellen und alle Wörter aufschreiben, die dir in der von dir gewählten Zeit einfallen. Nachdem du die Fremdwörter aufgeschrieben hast, die dir eingefallen sind, kannst du daneben Wörter aufzählen, die du stattdessen verwenden kannst (Synonyme). Nutze hierzu die untenstehende Tabelle.

Fremdwort	Synonyme

REDEWENDUNGEN UND SPRICHWÖRTER – NUR, WENN ES PASST!

Von Redewendungen hast du sicherlich schon einmal etwas gehört. Sie beschreiben eine feste Verbindung von mehreren Worten, bei der sich eine Bedeutung zu einem bestimmten Sachverhalt ergibt. Folgende Beispiele kennst du sicherlich:

Beispiel:

Redewendung	**Bedeutung, Herkunft**
Auge um Auge, Zahn um Zahn	Diese Redewendung geht beispielsweise auf die Bibel zurück. Gemeint ist, dass gleiches Leid mit gleichem Leid vergolten, also zurückgegeben, wird. In dieser Redewendung schwingt somit die Absicht von Rache am Gegenüber mit. Für den Alltag hat die Redewendung eher die Bedeutung, dass bei dem Verursachen eines Schadens der Verursacher diesen Schaden angemessen wiedergutmachen soll.
Äpfel mit Birnen vergleichen	Diese Redewendung beschreibt die Tatsache, dass zwei unterschiedliche Sachverhalte nicht miteinander zu vergleichen sind.
Etwas ausbaden müssen	Diese Redewendung geht auf eine Zeit zurück, in der sich noch mehrere Menschen ein und dasselbe Badewasser geteilt haben. Ist jemand als letzter in das Badewasser gestiegen, hatte er Pech, da vor ihm bereits alle ihren Dreck im Badewasser hinterlassen haben. Zudem war das Wasser kalt. In der Alltagssprache wird die Redewendung verwandt, wenn jemand die Konsequenzen für etwas tragen muss, was jemand anderes verursacht hat.
Bahnhof verstehen	Diese Redewendung wirst du sicherlich schon häufiger gehört haben. Sie geht auf den Ersten Weltkrieg zurück. Vielmehr auf die Soldaten, die jahrelang in den Krieg ziehen mussten und nur noch Bahnhof verstehen wollten, um nach Hause zu kehren. Mit der Redewendung wird in der Alltagssprache beschrieben, wenn jemand das Gesagte beispielsweise nicht verstanden hat oder wenn grundsätzlich ein Verständnisproblem vorliegt.

Die oben aufgeführte Liste ließe sich beliebig fortsetzen. Grundsätzlich kannst du dir jedoch merken, dass Redewendungen in der Regel ein bestimmtes Bild aufgreifen, aber etwas anderes meinen. Auch wenn sie von Muttersprachlern meist verstanden werden, können sie bei Nichtmuttersprachlern leicht zu Missverständnissen führen. Das liegt vor allem daran, dass Redewendungen größtenteils eine übertragene Bedeutung haben und nicht aufgrund der Bedeutung ihrer Wörter entschlüsselt werden können. Redewendungen werden nicht nur als Redewendungen, sondern manchmal auch als Redensart oder Floskel bezeichnet. Die meisten Redewendungen sind schon sehr alt, sodass man nicht bei allen Redewendungen sagen kann, von wem sie kommen. Redewendungen sind dabei nicht zu verwechseln mit Sprichwörtern. Sprichwörter bestehen immer aus einem ganzen Satz und geben überwiegend gemachte Erfahrungen oder eine Weisheit wieder. Redewendungen drücken im Vergleich zu Sprichwörtern keine allgemeingültige Erkenntnis oder eine Weisheit aus. Ein Sprichwort ist somit ein kurzer Satz, der eine wichtige Aussage wiedergibt.

Beispiel:

Sprichwort	**Erklärung**
Hochmut kommt vor dem Fall.	Dieses Sprichwort meint: Wer sich selbst überschätzt, wird möglicherweise scheitern. Damit vermittelt es die Tatsache, dass zu große Arroganz leicht dazu führen kann, dass man die eigenen Fähigkeiten überschätzt. In der Alltagssprache wird das Sprichwort daher gerne bei Angebern genutzt, die davon überzeugt sind, alles zu können.
Es ist nicht alles Gold, was glänzt.	Auch dieses Sprichwort kennst du vielleicht. Es besagt, dass viele Dinge nach außen toll aussehen können, obwohl sie es tatsächlich gar nicht sind. Es verfolgt daher die Absicht, zu vermitteln, dass man sich von einer äußerlichen Wahrnehmung nicht täuschen lassen sollte.
Der Apfel fällt nicht weit vom Stamm.	Dieses Sprichwort besagt, dass Kinder in ihren Eigenschaften und ihrem Aussehen häufig ihren Eltern gleichen.
Aller Anfang ist schwer.	Mit diesem Sprichwort soll die Erfahrung vermittelt werden, dass, auch wenn Dinge am Anfang schwer erscheinen, diese sich mit der Zeit als richtig und gut erweisen können. Dies trifft insbesondere beim Erlernen einer neuen Fähigkeit zu, weshalb das Sprichwort hier vor allem im Alltag Verwendung findet.

Obwohl viele Sprichwörter bereits aus dem Mittelalter stammen, finden sie auch heute noch Verwendung in der Alltagssprache. Bei den meisten Sprichwörtern ist nicht mehr klar, wo sie ihren Ursprung finden, also wer sie sich ausgedacht hat.

Nun wirst du dich nach diesen Erläuterungen sicher gefragt haben, was Redewendungen von Sprichwörtern genau unterscheidet und wie du den Unterschied erkennen kannst.

Damit du hier einen besseren Überblick erhältst, soll dir die nachfolgende Gegenüberstellung helfen:

	Sprichwörter	Redewendungen
Definition	Bei einem Sprichwort handelt es sich um einen sehr bekannten und feststehenden Satz, der einen belehrenden Inhalt enthält.	Mit dem Begriff der Redewendung wird eine bekannte, feststehende Aneinanderreihung von Worten beschrieben, die meist bildlich verwendet wird.
Aufbau	Bei Sprichwörtern handelt es sich immer um einen ganzen Satz, der eine bestimmte Weisheit oder Erfahrung ausdrückt, die allgemeingültig ist, also für jeden gilt.	Redewendungen können im Vergleich zu Sprichwörtern angepasst werden, da es sich nicht um einen ganzen Satz handelt. So hast du hier Spielraum hinsichtlich der Zeitform sowie der Person, mit der du die Redewendung verwenden möchtest.
Eselsbrücke für die Unterscheidung:		Eine Redewendung kann gedreht und gewendet werden.
Beispiel	In der Ruhe liegt die Kraft.	Auf dem Zahnfleisch gehen Ich musste im letzten Monat auf dem Zahnfleisch gehen. Eric geht gerade auf dem Zahnfleisch.

Redewendungen und Sprichwörter werden in der gesprochenen Sprache fast täglich verwendet. In schriftlichen Texten sieht das etwas anders aus. Hier ist es stark von der Textsorte abhängig, ob die Verwendung von Redewendungen und Sprichwörtern als angemessen betrachtet wird. In fachlichen Texten, die ein bestimmtes Thema sachlich bearbeiten, haben Redewendungen und Sprichwörter nichts verloren und sind nicht das geeignete sprachliche Mittel der Wahl. Beabsichtigst du jedoch, etwas zu beschreiben, können Redewendungen, also die Verwendung von bildhafter Sprache, durchaus die Aufmerksamkeit des Lesers wecken. Die Wirkung der Verwendung von Redewendungen beziehungsweise bildhafter Sprache erkennst du am nachfolgenden Beispiel:

Beispiel:

Neutrale Formulierung	**Bildhafte Formulierung**
Im Konferenzraum herrschte eine angespannte Atmosphäre.	Im Konferenzraum herrschte eine schweißgetränkte Atmosphäre.

Im obigen Beispiel wird deutlich, dass die bildhafte Formulierung beim Lesen ein wesentlich besseres Bild im Kopf erzeugt, wie die Atmosphäre innerhalb des Konferenzraums gewesen sein muss. Während Redewendungen in nüchternen Texten, die sich ausschließlich auf Fakten konzentrieren, eher als unangemessen betrachtet werden können, kannst du selbige jedoch beispielsweise im Rahmen von Geschichten einsetzen. Innerhalb von Texten machen sie immer dann Sinn, wenn du etwas besonders bildhaft hervorheben möchtest. Hier sind Redewendungen beispielsweise innerhalb der wörtlichen Rede besonders interessant, um die Charaktere deiner Geschichte anschaulicher werden zu lassen. Im Alltag wird die Wirkung von Redewendungen und Sprichwörtern vor allem in Texten für die Werbung eingesetzt.

Beispiel:

Redewendung / Sprichwort innerhalb der Werbung	**Erläuterung / Marke**	**Ursprüngliche Verwendung**
Die feine englische Fahrt.	• Autovermietung Sixt: Hier hat sich eine Autovermietung eine ursprüngliche Redewendung so angepasst, dass sie zu ihrer Dienstleistung, also zur Vermietung von Autos, passt.	Die feine englische Art
Haushalt mach neu	• Elektrofachgeschäft Media Markt: Auch hier wurde das Sprichwort so angepasst, dass es zu den angebotenen Leistungen passt.	Aus Alt mach Neu

Nachdem du nun einiges über Redewendungen und Sprichwörter sowie deren Verwendung erfahren hast, kannst du das erlernte Wissen nun an ein paar kleinen Übungen ausprobieren. Die Lösung findest du wie immer im Anschluss an die Übungen.

Übungen zu Redewendungen und Sprichwörtern

Übungsaufgabe 1:

Finde die passenden Füllwörter und ergänze die Sätze sinnvoll, sodass eine Redewendung innerhalb des Satzes entsteht.

Diese Wörter sind einzusetzen:

billig – tagaus – Kegel – Gut – gesprungen – gäbe – Kragen – Kunz – klar – runter – bündig – Tücke

1. Monika hat ihm klipp und ________________ gesagt, dass sie in der nächsten Stunde nicht gestört werden möchte.
2. Hör auf, so umständlich mit mir zu sprechen. Sag mir einfach kurz und ____________, was du von mir willst.
3. Ich bin mir sicher, es ist recht und __________, zu verlangen, dass du deine Sachen selbst wegräumst.
4. Familie Meier fährt mit Kind und _____________ in den Urlaub.
5. Wollen wir diesen Weg nehmen? Oder ist es für dich gehüpft wie ________________, welchen Weg wir nehmen?
6. Das weiß heute doch schon Hinz und ________________!
7. Die Katze läuft den Baum rauf und ________________.
8. Tagein, ____________ liegt der Hund nun schon vor dem Tor, ohne dass er sich auch nur einen Meter bewegt hat.
9. Bei der Rettung des Kindes hat die Mutter Kopf und _______________ riskiert!
10. Emilia erbt von ihrer Tante Hab und ____________.
11. Sein Vermögen hat Hans nur mit List und ____________ erhalten.
12. In diesem Land ist es gang und ____________, so zu feiern.

Übungsaufgabe 2:

Ergänze die nachfolgenden Sprichwörter. Die Vervollständigung findest du untenstehend.

Diese Floskeln sind einzusetzen:

... mal ein Korn.

... selten allein.

... die Hunde.

... was glänzt.

... ist schwer.

... andere Sitten.

1. Den Letzten beißen ______________________.
2. Aller Anfang ____________________________.
3. Ein Unglück kommt _______________________.
4. Es ist nicht alles Gold, __________________________.
5. Andere Länder, ______________________________.

Lösungen zu den Übungen

Lösung der Übungsaufgabe 1:

1. klar
2. bündig
3. billig
4. Kegel
5. gesprungen
6. Kunz
7. runter
8. tagaus
9. Kragen
10. Gut
11. Tücke
12. gäbe

Lösung der Übungsaufgabe 2:

1. … beißen die Hunde.
2. … ist schwer.
3. … selten allein.
4. … was glänzt.
5. … andere Sitten.

IDEALPAARUNGEN – TYPISCHE WORTVERBINDUNGEN

Idealpaarungen oder auch Kollokationen sind die typischen Verbindungen von Wörtern. Sie bestehen aus mindestens zwei Wörtern. Auch wenn du das nun vielleicht denkst, handelt es sich hierbei nicht um Sprichwörter oder Redewendungen, sondern vielmehr um feste Wortbestandteile, die zusammen verwendet werden, also innerhalb des Gebrauchs der Sprache zusammengehören. Im Rahmen von Kollokationen stehen daher Nomen mit einem festen Verb oder einem festen Adjektiv zusammen.

Beispiele:
- in Strömen regnen
- zu vorgerückter Stunde
- Radio hören
- zu Abend essen
- Zähne putzen
- Zeit verstreichen lassen

Auch wenn Kollokationen nicht selten in Redewendungen vorkommen, handelt es sich hierbei um feste Verbindungen der jeweiligen Wörter, die zusammen eine bestimmte Bedeutung ergeben (siehe obiges Beispiel). Kollokationen finden sich jedoch nicht nur innerhalb von Sätzen, sondern beispielsweise auch in Grußformeln.

Beispiele:
- Sehr geehrter Herr ...
- Sehr geehrte Frau ...
- Guten Tag Frau ...
- Mit freundlichen Grüßen
- Herzliche Grüße
- Vielen Dank im Voraus

Daneben gibt es Wortverbindungen, die mit einem Bindestrich voneinander getrennt werden. Der Bindestrich dient dabei der Hervorhebung der einzelnen Wortbestandteile und macht kenntlich, dass diese besonders betont werden.

Beispiel:

- Top-Platzierung
- Magen-Darm-Virus
- pH-Wert
- Make-up
- 100-m-Lauf

Im alltäglichen Sprachgebrauch werden diese Wortverbindungen nicht neu gebildet, sondern als feststehende Einheit aus dem Gedächtnis abgerufen. Werden diese beispielsweise leicht verändert, wird es vom Hörer oder Leser meist als unpassend empfunden, obwohl das jeweils veränderte Wort dennoch passend ist.

Beispiele:

Gängige Verwendung	**Veränderte Verwendung**
leise Töne	ruhige Töne
schweren Herzens	schwierigen Herzens
zu vorgerückter Stunde	zu fortgeschrittener Stunde
den Tisch decken	den Tisch ausstatten
eine anspruchsvolle Tätigkeit	eine schwierige Tätigkeit

Für einen fließenden Sprachgebrauch sind Kollokationen daher ein wichtiger Bestandteil. Die häufigsten Kollokationen findest du deshalb auch in Wörterbüchern, wo sie meist *kursiv* geschrieben auftauchen. Verben oder Adjektive, die du mit dem jeweiligen Nomen verbinden kannst, werden innerhalb des Wörterbuchs häufig mit Schrägstrich (/) abgetrennt. Hieran erkennst du dann, mit welchen Wörtern du das jeweilige Nomen verwenden kannst, wenn du es einmal nicht weißt. Dass du weißt, wo du diese Wortverbindungen nachschauen kannst, ist wichtig, damit du typische Wortverbindungen innerhalb von Texten richtig verwenden kannst. Das ist wichtig, damit du feste Wortverbindungen in der üblichen Weise in deinen Texten einsetzen kannst und diese allgemeinverständlich einsetzt. Damit du dich nun etwas im Umgang mit Wortverbindungen ausprobieren kannst, findest du nachfolgend Übungen. Die Lösungen der Übungen findest du im Anschluss an die Übungen.

Übungen zu den typischen Wortverbindungen

Übungsaufgabe 1:
Sammle zehn Kollokationen zum Themenbereich Familie.

Beispiel:
eine Familie gründen
ein Kind von jemandem erwarten

Übungsaufgabe 2:
Sammle zehn Kollokationen zum Themenbereich Essen und Trinken.

Lösungen zu den Übungen

Lösung zur Übungsaufgabe 1:

- Eltern werden
- eine Familie gründen
- ein Baby bekommen
- ein Kind bekommen
- eine Familie durchbringen
- in einer Familie aufwachsen
- ein gemeinsames Kind haben
- fast schon zur Familie gehören
- eine dreiköpfige Familie
- unter den nächsten/engsten Verwandten
- angeheiratete Verwandte
- eine heile Familie

Lösung zur Übungsaufgabe 2:

- ausgewogene Mahlzeiten
- schickes Restaurant
- warme Mahlzeiten
- frischer Salat
- pikante Soße
- eine Soße einkochen
- gedünstetes Gemüse
- hausgemachtes Eis
- ausgiebiges Frühstück
- starker Kaffee
- auswärts essen
- ein Restaurant besuchen

RHETORISCHE FIGUREN

Rhetorische Figuren werden häufig auch als rhetorische Mittel bezeichnet und von dem Verfasser eines Textes eingesetzt, um bestimmte Inhalte auf besondere Art und Weise zu betonen. Sie helfen daher dabei, einen Text ansprechender zu gestalten. Weil rhetorische Mittel schon besonders alt sind, geht ihr Ursprung bis in die griechische Antike zurück. Das ist im Übrigen auch der Grund dafür, dass die unterschiedlichen rhetorischen Figuren oft griechische oder lateinische Namen tragen.

Da es eine Vielzahl an rhetorischen Mitteln gibt, wird es nicht gelingen, diese hier abzubilden. Dennoch sollst du einen Eindruck von den wichtigsten rhetorischen Mitteln erhalten. Daher werden diese nachfolgend aufgelistet. Neben dem jeweiligen Stilmittel findest du Beispiele, die dir das Verständnis erleichtern sollen.

Rhetorisches Mittel	**Erklärung**	**Beispiel**
Akkumulation (lat. accumulatio)	Bei diesem rhetorischen Mittel werden Wörter aneinandergereiht, die thematisch zusammengehören.	• Feld, Wald und Wiesen • Sonne, Mond und Sterne
Allegorie	Bei diesem Stilmittel wird ein Bild mithilfe von Sprache ausgedrückt. Meist ist die Vorstellung dabei sehr abstrakt, also sehr weit weg von der Realität. Das wird auch anhand des nebenstehenden Beispiels deutlich.	• Er ging in den totgesagten Park. = Er begab sich in einen wenig belebten Park.
Alliteration	Bei diesem rhetorischen Mittel besitzen zwei oder mehr aufeinanderfolgende Wörter den gleichen Anfangsbuchstaben.	• Kind und Kegel • Fischers Fritz fischt frische Fische. • Milch macht müde Männer munter.
Antithese	Dieses Stilmittel stellt sprachlich einen gedanklichen Gegensatz dar.	• Er konnte alles und doch konnte er nichts. •

Diminutiv	Dieses rhetorische Mittel wird auch als Verniedlichungsform bezeichnet.	• Häuschen • Kindchen • Zicklein
Ellipse	Eine Ellipse beschreibt eine Auslassung von Satzteilen.	• Na und? • Je schneller, desto besser.
Euphemismus	Mit dem Begriff des Euphemismus wird eine Beschreibung umschrieben, die etwas beschönigt.	• kräftig (anstelle von dick) • das Zeitliche segnen (anstelle von sterben) • Seniorenresidenz (anstelle von Altersheim)
Hyperbel	Eine Hyperbel beschreibt ein sprachliches Stilmittel, das zum Ausdruck von Übertreibungen genutzt wird.	• todmüde • kinderleicht • fuchsteufelswild • Schneckentempo
Imperativ	Im Deutschen wird ein Imperativ auch mit dem Begriff der Aufforderung bezeichnet. Meist erkennst du ihn am Ausrufezeichen am Ende eines Satzes.	• Geh! • Komm! • Bleib stehen! • Hör zu!
Lautmalerei	Die Lautmalerei beschreibt die Nachahmung eines bestimmten Lautes.	• schattattata • miau • quak
Metapher	Eine Metapher wird für die Darstellung eines bestimmten Bildes genutzt.	• am Fuße des Berges (= am Aufgang des Berges) • ein Meer von Menschen (= viele Menschen)
Paradox (lat. paradoxon)	Ein Paradox beschreibt einen Widerspruch innerhalb des Satzes.	• Weniger ist mehr. • Ich weiß, dass ich nichts weiß.
Parallelismus	Der Parallelismus beschreibt den parallelen Aufbau von Satzteilen oder Sätzen.	• Das Kind schwimmt, die Mutter läuft. • Der Stein sinkt. Das Wasser rinnt.

Paraphrase	Eine Paraphrase erklärt aufgrund ihrer Umschreibungen ein Wort oder einen Sachverhalt.	• Fische, die im Meer leben, sind stumm. •
Parenthese	Mit dem Begriff der Parenthese wird ein Einschub innerhalb eines Satzes beschrieben.	• Das ist – wie bereits erwähnt – unwichtig. •
Wiederholung (lat. repetitio)	Mit dem Begriff der Wiederholung wird, wie der Name schon sagt, ein sich im Satz wiederholender Bestandteil beschrieben.	• Er schlief und schlief und schlief.
Rhetorische Frage	Eine rhetorische Frage ist eine Frage, auf die man bereits im Vorfeld die Antwort kennt oder auf die keine Antwort erwartet wird.	• Was ist schon normal? • Bin ich blöd? • Wo kämen wir dann hin?
Symbol	Ein Symbol ist ein bestimmtes Bild, das eine besondere Bedeutung hat.	• weiße Taube (= Frieden) • rotes Herz (= Liebe)
Vergleich	Wird innerhalb eines Textes ein Vergleich genutzt, soll etwas mithilfe eines Vergleichsworts veranschaulicht werden.	• stark wie ein Löwe • laut wie ein Bär • groß wie ein Elefant

Rhetorische Figuren werden innerhalb von Texten immer dann verwendet, wenn beim Leser eine bestimmte Wirkung ausgelöst werden soll (zum Beispiel einen bestimmten Teilaspekt eines Textes verdeutlichen oder besonders hervorheben). Rhetorische Mittel verleihen deinen Texten somit mehr Ausdruck. Sie machen sie lebendiger und transportieren Gefühle. Am häufigsten begegnest du rhetorischen Mitteln bei der Interpretation von Gedichten. Nun wirst du dich sicher fragen, wie du all diese Stilmittel auseinanderhalten kannst. Die Antwort ist einfach: Üben, üben und nochmals üben. Aus diesem Grund findest du nachfolgend noch einige Übungen, in denen du dein neugewonnenes Wissen ausprobieren und dich in der Bestimmung rhetorischer Mittel üben kannst.

Übungen zur Bestimmung rhetorischer Mittel

Übungsaufgabe 1:

Bestimme die nachfolgenden rhetorischen Mittel mithilfe der obenstehenden Tabelle.

1. Der bärtige Brandenburger Bernhard liebt das Schwimmen.
2. Sie hat ihn bereits tausendmal belogen.
3. Wir mussten die Preise anpassen.
4. Als wir das letzte Mal auf einem Konzert waren, blickte ich auf ein Meer von Menschen.
5. Findest du dein Verhalten in diesem Fall angemessen?

Übungsaufgabe 2:

Bestimme die nachfolgenden rhetorischen Mittel.

1. Der Wind blies wilder als der Sturm in der Nacht.
2. Sein Redefluss war nicht aufzuhalten.
3. Das Leben ist der Tod und der Tod ist das Leben.
4. Nun ruhen alle Wälder, Wiesen, Tiere, Menschen und Felder.
5. Ein Kreuz

Lösung zu den Übungen

Lösung zur Übungsaufgabe 1:

1. Alliteration
2. Hyperbel
3. Euphemismus
4. Metapher
5. Rhetorische Frage

Lösung zur Übungsaufgabe 2:

1. Vergleich
2. Metapher
3. Paradoxon
4. Akkumulation
5. Symbol

PASSENDE SCHREIBSTILE FÜR PASSENDE ANLÄSSE

Beim Verfassen von Texten ist es wichtig, dass du für die jeweilige Textsorte den passenden Schreibstil verwendest. So wird ein sachlicher Bericht beispielsweise anders formuliert als eine anschauliche Geschichte. Während die Geschichte so spannend wie möglich ausgeschmückt werden sollte, dreht es sich im Rahmen des Verfassens eines Berichts ausschließlich um Zahlen, Daten und Fakten sowie eine nüchterne (also rein auf Fakten basierte) Schilderung (beispielsweise eines Unfalls). Auch innerhalb einer Geschichte kannst du versuchen, deine Geschichte sprachlich abzubilden. Das wird dir anfangs sicher nicht ganz leicht fallen. Wenn es dir jedoch gelingt, erreichst du einen unverwechselbaren Schreibstil, der optimal zu deinem Text passt und die Handlung unterstreicht.

Beispiele für Texte, deren Schreibstil zum Inhalt passt:

- Der Roman *„Der Junge im gestreiften Pyjama"* von John Boyne wird aus der Sicht eines neunjährigen Jungen erzählt. Diese Perspektive spiegelt sich innerhalb des Romans in häufigen Wiederholungen sowie in der kindlich gewählten Sprache wider.
- Der Roman *„Gut gegen Nordwind"* von Daniel Glattauer ist in einer Art E-Mail-Stil verfasst. Auf diese Weise erhält der Leser das Gefühl, der Mitleser einer privaten Kommunikation zwischen den handelnden Personen zu sein.
- Auch *„Die Känguru-Chroniken"* von Marc-Uwe Kling finden sich in einem bestimmten Schreibstil wieder. Sie sind sehr flapsig geschrieben und enthalten viele ungewöhnliche Bilder, die die Geschichte des sprechenden Kängurus unterstreichen.

Die Beispiele zeigen dir, dass Geschichten und Texte im Allgemeinen authentischer werden, wenn der Schreibstil dem Handlungsverlauf beziehungsweise dem Inhalt des Textes angepasst wird. Anhand der Beispiele siehst du, dass auch Buchautoren sich hinsichtlich ihres Schreibstils innerhalb ihrer Texte an den Inhalten sowie der von ihnen gewählten Textsorte orientieren. Nun wirst du dich an dieser Stelle sicherlich fragen, was du tun kannst, um deinen Schreibstil noch besser anzupassen und diesen zu verbessern. Tipps und Tricks für die Verbesserung deines Schreibstils erhältst du daher im Verlauf des nachfolgenden Kapitels.

Tipps und Tricks für einen besseren Schreibstil

Der Schreibstil ist innerhalb von Texten das Herzstück des Geschriebenen. Er entscheidet darüber, wie gut oder schlecht ein Text ist sowie wie leicht (oder schwer) er sich lesen lässt. Aus diesem Grund ist es wichtig, dass auch du innerhalb deiner Texte an deinem Schreibstil feilst und diesen verbesserst. Willst du einen guten Text verfassen, hat das nicht in erster Linie mit der Grammatik zu tun. Vielmehr steht die Qualität deines Textes auch stark in Verbindung zu dem von dir gewählten Schreibstil. Das hast du bereits gelernt. Dass der Schreibstil für deinen Text und dessen Inhalt wichtig ist, liegt nicht zuletzt daran, dass die sprachliche Gestaltung eines Textes uns viel über den Verfasser des Textes offenbart. Zudem finden sich in der sprachlichen Gestaltung eines Textes Hinweise dazu, an wen sich der jeweilige Text richtet und in welchem Zusammenhang er zum entsprechenden Sachverhalt steht. Die sprachliche Gestaltung hat somit immer eine bestimmte Funktion. Nun wirst du dich sicher fragen, welchen Schreibregeln du hinsichtlich des von dir gewählten Schreibstils folgen sollst. Hier erhältst du nachfolgend eine kurze Auflistung mit den wichtigsten Aspekten, die du für deinen eigenen Schreibstil berücksichtigen solltest.

Die wichtigsten Schreibregeln für das Verfassen guter Texte

- Grundsätzlich ist es wichtig, dass du deinen Wortschatz erweiterst. Hier kannst du beispielsweise mit Synonymen arbeiten, damit du nicht immer die gleichen Wörter verwenden musst.
- Darüber hinaus solltest du darauf achten, dass dein Text einen einheitlichen Ton aufweist. Mit dem Ton eines Textes ist der Tonfall deines Textes gemeint, also die Einstellung, die der Autor, Sprecher oder Erzähler zum Geschriebenen einnimmt, oder die Haltung, die er zum Gesagten hat. Hierzu solltest du bedenken, dass die Verfasser eines Textes, je nachdem, an wen sich der Text richtet und unter welchen Umständen er verfasst wurde, unterschiedliche sprachliche Mittel für die Gestaltung des Schreibstils verwenden. Diese richten sich auch nach der jeweils vorliegenden Textsorte.
- Innerhalb der einzelnen Abschnitte deines Textes kannst du deinen Schreibstil verbessern, indem du dem ersten Satz eines Abschnittes besondere Aufmerksamkeit schenkst. Er sollte das Thema des Abschnittes definieren, sodass nachfolgende Sätze darauf aufbauen können.
- Darüber hinaus solltest du in deinem Text Brückenwörter verwenden. Mit dem Begriff der Brückenwörter werden Wörter beschrieben, die in deinem Text immer wieder auftauchen. Diese Wörter erkennt der Leser im Verlauf des Textes wieder und kann sich an das erinnern, was er bereits gelesen hat.
- Nebstdem ist es wichtig, dass dein Text in sich geschlossen ist. Das bedeutet, dass du darauf achten solltest, dass er einen Anfang, eine Mitte und ein Ende aufweist.
- Um herauszufinden, wie gut dein Text ist, kann es in einigen Fällen hilfreich sein, wenn du dir deinen Text laut vorliest. So kannst du seine Wirkung gut selbst überprüfen.
- Daneben kannst du ausdrucksstarke Worte an das Ende eines Satzes platzieren. Auf diese Weise verstärkst du ihre Wirkung.

Wie dir die Verbesserung des Schreibstils gelingt, hast du bereits in den vorangegangenen Kapiteln erfahren. Nachfolgend wirst du daher noch einige Tipps und Tricks erhalten, die darüber hinaus für deinen Schreibstil wichtig sind und deinem Text eine noch bessere Qualität verleihen.

ACHTE AUF DEN ROTEN FADEN!

Den Begriff des roten Fadens wirst du sicherlich schon häufiger gehört haben. Will man diesen Begriff definieren, dann ist der rote Faden nichts anderes als das Leitmotiv beziehungsweise der Handlungsstrang deiner Textstruktur. Im Duden wird der rote Faden beispielsweise auch als leitender Grundgedanke definiert.

Wissenswert
Der Begriff des roten Fadens stammt ursprünglich aus der Seefahrt. Hier entstand vor mehreren Jahrhunderten das Problem, dass Seile und Taue von Schiffen geklaut wurden. Das brachte Seefahrer nicht selten in eine große Not, da sie ohne Taue und Seile nicht mehr in der Lage waren, ihre Segel zu setzen oder aber ihr Schiff im Hafen zu verankern. Aus diesem Grund wurde ab dem 18. Jahrhundert in alle Taue, die der Marine angehörten, ein roter Faden eingeflochten. Dieser rote Faden konnte nicht entfernt werden, ohne dass das Tau dabei zerstört wurde. Zudem ließ sich anhand des roten Fadens erkennen, wem das jeweilige Seil oder Tau gehörte und ob es sich um Diebesgut handelte. In der Folge kam es zu einem starken Rückgang der Diebstähle.

Ebenso wie bei einem Tau hält der rote Faden innerhalb deines Textes alles zusammen. Er verbindet die unterschiedlichen Textteile miteinander und gibt deinem Text erst seine Struktur. Wenn du so willst, ist der rote Faden somit wie eine Kette, die sich durch deinen Text zieht und dafür sorgt, dass die unterschiedlichen Bestandteile (Einleitung, Hauptteil, Schluss) sowie die Handlung deines Textes aufeinander aufbauen. Somit sorgt erst der rote Faden dafür, dass aus deinen Textfragmenten ein großes Ganzes wird. Hinsichtlich des roten Fadens treten bei Schülern und Schülerinnen häufig zwei zentrale Fehlerquellen beim Verfassen von Texten auf:

• Der rote Faden ist nicht aufzufinden.

Wenn der rote Faden innerhalb einer Geschichte nicht aufzufinden ist, heißt das nicht, dass die unterschiedlichen Bestandteile des Textes nicht klar sind. Vielmehr liegen in den meisten Fällen die einzelnen Bestandteile der Textsorte vor. Größtenteils besteht zwischen ihnen aber kein klarer Übergang, der sich durch den gesamten Text zieht, sodass sich die Textbausteine nicht zu einem Ganzen zusammenfügen. Hierbei gerät das Schreiben häufig ins Stocken.

• Der rote Faden geht im Verlauf des Textes verloren.

Beim Schreiben haben viele Schüler vor Schreibbeginn eine klare Vorstellung davon, wie die einzelnen Stationen des Textes beschrieben werden sollen. Innerhalb des Schreibprozesses geschieht es dann dennoch häufig, dass der rote Faden verloren geht und die Handlung (oder je nach Textsorte die Argumentationskette) beim Lesen planlos erscheint.

Die benannten Fehlerquellen zeigen, wie wichtig es ist, dass die unterschiedlichen Stationen deines Textes sinnvoll miteinander verknüpft sind. Deinen Text kannst du dir dabei beispielsweise wie eine Reihe von Dominosteinen vorstellen, bei der eine Handlung die nächste auslöst, sodass eine Kettenreaktion/Kette entsteht. Was bedeutet das nun für deine Texte?

Schon bevor du deinen Text verfasst, kannst du deine im Planungsprozess angedachte Struktur auf einen vorhandenen roten Faden überprüfen. Hier kannst du beispielsweise deine Notizen im Hinblick darauf überprüfen, ob der verbindende rote Faden der unterschiedlichen Textfragmente bereits deutlich wird. Hier kannst du dich beispielsweise fragen, welche inhaltlichen Aspekte (je nach Textsorte) Berücksichtigung finden müssen, damit die Struktur deines Textes zusammenhängend ist. Diese Überprüfung kann das Anfertigen deiner Rohfassung unterstützen und dir als Orientierung beim Verfassen deines Textes dienen. Hier zeichnet sich meist auch schon ab, ob du deine Struktur, die du in der Planungsphase für deinen Text angelegt hast, gegebenenfalls noch einmal überarbeiten musst. Darüber hinaus kannst du deinen roten Faden nach dem Verfassen deines Textes auf drei Ebenen überprüfen:

- Überprüfung auf Kapitelebene,
- Überprüfung auf Absatzebene,
- Überprüfung auf Satzebene.

Auf **Kapitelebene** kannst du deinen roten Faden überprüfen, indem du dir noch einmal ins Gedächtnis rufst, um welche Textsorte es sich handelt, welche Aufgabenstellung bearbeitet werden soll und wie das Kapitel im Verhältnis zum Gesamtzusammenhang des Textes steht. Auf Kapitelebene kannst du deinen roten Faden durch eine klare Einleitung, einen klar strukturierten Hauptteil sowie einen überzeugenden Schluss abbilden.

Auf der **Ebene des Absatzes** ist es wichtig, dass du jeden Absatz mit einem zentralen Schlagwort versiehst, das im Zusammenhang mit dem Thema steht und den Kerninhalt des Absatzes wiedergibt. Hierbei solltest du auch kontrollieren, ob der Zusammenhang zwischen den einzelnen Kapiteln deutlich wird oder ob weitere Erläuterungen für den Gesamtzusammenhang wichtig sind. Hier wird der rote Faden vor allem durch das Wiederaufgreifen des Themas oder der Handlung hervorgehoben.

Auf der **Satzebene** kannst du deinen roten Faden überprüfen, indem du kontrollierst, ob deine Sätze inhaltlich im Zusammenhang stehen. Fällt dir hierbei beispielsweise auf, dass einzelne Sätze ausschließlich aneinandergereiht sind, solltest du ebendiese Sätze so überarbeiten, dass ein sinnvoller Zusammenhang entsteht. Auf der Satzebene kannst du deinen roten Faden durch stilistische Mittel hervorheben. Dies gelingt dir beispielsweise durch die nachfolgenden Satzbestandteile:

• Kausalsätze

Ein Kausalsatz wird auch als Begründungssatz beschrieben. Meist gibt er daher die Ursache einer Handlung oder eines Zustandes an. Erkennen kannst du Kausalsätze an den nachfolgenden Konjunktionen:

- weil
- daher
- aus diesem Grund
- da
- ...

• Konsekutivsätze

Konsekutivsätze gehören zu den Adverbialsätzen. Mithilfe von Konsekutivsätzen werden meist Folgen oder Konsequenzen ausgedrückt. Erkennen kannst du Konsekutivsätze an den nachfolgenden Konjunktionen:

- deshalb
- deswegen
- also
- infolgedessen
- so dass
- darum

- **Verknüpfung von Sätzen**

Eine sinnvolle Verknüpfung von Sätzen hilft dir dabei, den roten Faden innerhalb deines Textes zu wahren. Hierzu kannst du beispielsweise Wörter wie

- und,
- außerdem,
- dazu kommt,
- dennoch,
- doch,
- deshalb,
- etc.

nutzen.

Nachdem du nun einiges über den roten Faden innerhalb eines Textes gelernt hast, erhältst du nachfolgend eine Übung, bei der du dich selbst in der Entwicklung eines roten Fadens üben kannst.

Übung zur Entwicklung eines roten Fadens

Übungsaufgabe 1:

Denke dir ein Thema oder eine Handlung für eine Geschichte aus. Überlege dir im nächsten Schritt, welche Leitworte (zentrale Ideen für deinen Text) wichtig sind. Halte dann, begonnen bei der Einleitung und endend mit dem Schluss, die wichtigsten Schlagworte für den roten Faden deiner Geschichte fest, an denen sich deine Geschichte entlang hangelt.

Beispiel: Geschichte über einen Löwen und eine Maus

- Maus im Wald
- das erste Zusammentreffen
- Unterhaltung
- Maus braucht Hilfe
- Löwe bietet Hilfe an
- Maus ist skeptisch
- Fluchtgedanken der Maus
- ...

Übungsaufgabe 2:

Verfasse nun die Geschichte zu deinem roten Faden aus Übungsaufgabe 1.

ACHTE AUF DEN LOGISCHEN AUFBAU VON TEXTEN!

Damit deine Texte einen logischen Aufbau aufweisen, ist es wichtig, dass deine Ideen eine gut sortierte Struktur aufweisen. Unterstützend wirkt hier, wie du bereits gelernt hast, der rote Faden deines Textes. Damit dein Text auch neben deinem roten Faden gut zu verstehen ist, ist es wichtig, dass du diesen in sinnvolle Textteile unterteilst. Hier orientierst du dich in erster Linie an den Vorgaben zur jeweiligen Textsorte (siehe dazu auch die entsprechenden Kapitel in diesem Übungsbuch). Grundsätzlich bedeutet das, dass deine unterschiedlichen Textbestandteile, also Einleitung, Hauptteil und Schluss, aber auch die einzelnen inhaltlichen Absätze sowie die Sätze logisch miteinander in Verbindung stehen sollten. Der Text in seiner ganzheitlichen Erscheinung entsteht dabei aus der Anordnung der jeweiligen Einzelteile deines Textes. Aber keine Sorge – der logische Aufbau deines Textes ergibt sich meist schon aus der jeweiligen Textsorte. Hältst du dich hieran, wird dein Aufbau einer logischen Struktur folgen.

Zudem kann es hilfreich sein, wenn du für das Anfertigen deines Textes gedanklich oder auch schriftlich eine erste Gliederung anlegst, die dir dabei hilft, deinen Text sinnvoll und logisch zu gestalten. Dies gelingt dir beispielsweise auch, wenn du den einzelnen Schritten der Schreibplanung folgst, die in diesem Übungsbuch angeführt werden. Der Schritt der Schreibplanung hilft dir dann dabei, deine Themen in eine logische Reihenfolge zu bringen, an der du dich im Verlauf des Schreibprozesses orientieren kannst. Natürlich bedeutet das nicht, dass diese Reihenfolge nicht mehr verändert werden darf. Solltest du im Verlauf des Schreibens feststellen, dass eine andere Reihenfolge sinnvoller ist, kannst du dies entsprechend anpassen.

Zum logischen Aufbau trägt zudem die Art und Weise bei, wie du die unterschiedlichen Sätze miteinander verknüpft hast. Beziehst du Sätze beispielsweise aufeinander, kann das dem Leser helfen, sich innerhalb deines Textes besser zu orientieren. Der Unterschied für eine gute sowie eine schlechte logische Struktur wird dabei anhand des nachfolgenden Beispiels deutlich.

Beispiel für die logische Struktur von Sätzen:

- Anna lief nach Hause. Anna hatte Angst. Besser: Anna lief nach Hause, da sie Angst hatte.
- Maja hat ihr Zeugnis erhalten. Maja hat Angst, dass ihre Eltern nicht zufrieden sind mit ihren Leistungen. Besser: Maja hat ihr Zeugnis erhalten. Deshalb hat sie Angst, dass ihre Eltern nicht zufrieden sind mit ihren Leistungen.

Ein guter Text folgt somit neben einem roten Faden immer auch einer logischen Struktur. Diese kannst du zum einen durch das Einhalten der jeweiligen Vorgaben der entsprechenden Textsorten herstellen und zum anderen, indem du einzelne Sätze sinnvoll miteinander verknüpfst.

Nun hast du einen groben Überblick erhalten, was du für eine logische Struktur innerhalb deiner Texte tun kannst. Um diese logische Struktur im Hinblick auf die Verknüpfung von Sätzen zu trainieren, kannst du beispielsweise die nachfolgende Übung umsetzen.

Übung zum Aufbau von Sätzen, die eine logische Textstruktur erzeugen

Setze die nachfolgenden Sätze in eine logische Verknüpfung miteinander, indem du eine sinnvolle Verknüpfung der Sätze herstellst. Setze dabei die nachfolgenden Wörter ein:

- daran
- deshalb
- deshalb
- er

Beispiel:

Martin hatte vor, die Getränke für die Party zu besorgen. _______________ hatten die anderen Partygäste leider nicht gedacht.

Martin hatte vor, die Getränke für die Party zu besorgen. ***Daran*** *hatten die anderen Partygäste leider nicht gedacht.*

1. Anna ist die Treppe zu schnell heruntergerannt. ________________hat sie sich den Fuß verletzt.
2. Elias ist schon wieder zu spät gekommen. ____________ hatte die Bahn verpasst.
3. Es hatte geregnet. _____________ war die Straße nass.
4. Anja hatte Geburtstag. ______________ hatten ihre Freunde leider nicht gedacht.

Lösung zur Übung

1. Anna ist die Treppe zu schnell heruntergerannt. **Deshalb** hat sie sich den Fuß verletzt.
2. Elias ist schon wieder zu spät gekommen. **Er** hatte die Bahn verpasst.
3. Es hatte geregnet. **Deshalb** war die Straße nass.
4. Anja hatte Geburtstag. **Daran** hatten ihre Freunde leider nicht gedacht.

NUTZE DIE ANGEMESSENE TEXTLÄNGE!

Beim Verfassen von Texten wirst du dich sicherlich bereits das eine oder andere Mal gefragt haben, wie lang ein bestimmter Text sein muss.

Grundsätzlich kannst du dir für die angemessene Länge deiner Texte merken, dass deine Textlänge sowohl von der Textsorte, die du verfasst, als auch von den zu vermittelnden Inhalten abhängig ist.

So wird eine Geschichte beispielsweise einen größeren Umfang aufweisen als ein kurzer und prägnanter Bericht zu einem Thema. Ebenso wird ein lyrischer Text in aller Regel kürzer sein als eine Geschichte. Bei der Länge deines Textes kommt es daher auf die Tiefe der Informationen an, die vermittelt werden sollen. Insgesamt ist es daher wichtig, dass du darauf achtest, dass dein Text einen hochwertigen Inhalt aufweist, anstelle von überflüssigen Worten. Texte, die künstlich aufgebauscht werden, viele inhaltliche Wiederholungen aufweisen, mit unnötigen Füllwörtern geschmückt sind oder nichtssagende Adjektive enthalten, die den Inhalt nicht unterstreichen, langweilen den Leser nicht nur schnell, sondern lassen sich oftmals auch schwer lesen. Aus diesem Grund ist es wichtig, dass du dich sowohl sprachlich als auch inhaltlich auf das Wesentliche konzentrierst.

Bei vielschichtigen und komplexen Themen, die beispielsweise in Essays oder Kommentaren abgehandelt werden, ist es jedoch gleichzeitig wichtig, dass dein Text ausführliche Informationen zum Thema enthält. Dies sollte sich dann entsprechend in deiner Textlänge widerspiegeln. Immer dann, wenn Texte besonders lang sind, kannst du beispielsweise zur Auflockerung mit dem Setzen von Absätzen arbeiten. Neben der Tatsache, dass dein Text auf diese Weise aufgelockert wird, lässt sich dein Text leichter lesen, wenn du mit Sinnabschnitten arbeitest. Willst du einen guten Text verfassen, solltest du demnach darauf achten, dass die Aussagen oder Inhalte deines Textes auf den Punkt gebracht werden. Hierbei ist die Textlänge nebensächlich und es gilt Qualität vor Quantität – es steht also eine gute Textqualität vor der Länge eines Textes.

VERMEIDE DIE VERWENDUNG VON SCHACHTELSÄTZEN!

Wenn du leicht verständliche und gut lesbare Texte schreiben willst, solltest du Schachtelsätze vermeiden. Gemäß dem Duden ist ein Schachtelsatz ein langer Satz, der einen komplizierten Aufbau und mehrere Nebensätze aufweist. Hier wird oftmals auch von ineinander verschachtelten Satzteilen gesprochen.

Beispiel:

Für einen guten Text ist es wichtig, dass keine langen Sätze gebildet werden, insbesondere keine Schachtelsätze, bei denen die einzelnen Satzteile ineinander verschachtelt sind, da dies das Lesen des Textes erschwert, weil ein Schachtelsatz meist viele Nebensätze enthält, sodass der Leser am Ende des Satzes nicht mehr weiß, was er zu Beginn gelesen hat.

Hier liest du gerade einen Schachtelsatz, also einen Satz, der in sich verschachtelt ist, über Einschübe und Nebensätze verfügt, der aber für den Leser nur bedingt funktioniert, weil dieser nur über eine kurze Aufmerksamkeitsspanne verfügt und deshalb am Ende eines Satzes vergessen hat, welche Aussage der Schachtelsatz zu Beginn formuliert hat.

Nachdem du diese Beispiele gelesen hast, wird dir wahrscheinlich selbst aufgefallen sein, wie schwer es ist, diese Sätze bis zum Ende zu lesen. Vermutlich wirst du den einen oder anderen Satz auch ein zweites Mal lesen müssen, um seinen Sinn überhaupt zu erfassen. Das genau beschreibt die Wirkung von Schachtelsätzen sehr gut.

Schachtelsätze entstehen meist dann, wenn der Verfasser in einen Satz mehrere Informationen packen möchte. Da die Satzlänge jedoch eine zentrale Rolle bei der Verständlichkeit deines Textes darstellt, solltest du unbedingt darauf achten, dass du Schachtelsätze vermeidest. Möglicherweise wirst du dich jetzt fragen, wie lang ein idealer Satz sein sollte. Eine pauschale Antwort gibt es auf diese Frage nicht. Damit dein Text für den Leser möglichst abwechslungsreich und lebhaft erscheint, sollten sich in deinem Text kurze und lange Sätze die Balance halten. Komplizierte Inhalte solltest du daher eher in kurzen Sätzen darstellen. Wenn du insgesamt dazu neigst, kannst du lange Bandwurmsätze beispielsweise auch bei der Korrektur deines Textes in kurze Sätze unterteilen. Damit deine Sätze die gewünschte Wirkung beim Leser erzielen, ist es zudem wichtig, dass du darauf achtest, dass du die wichtigen Informationen in den Hauptsatz und nicht in den Nebensatz packst.

Ergänzende Informationen oder Inhalte kannst du dann im Nachgang im Nebensatz bearbeiten. Entdeckst du innerhalb deines Textes einen Schachtelsatz, kannst du die einzelnen Satzbestandteile daraufhin untersuchen, ob die jeweils vermittelte Information wirklich wichtig für deinen Text ist. Willst du Schachtelsätze zukünftig in deinen Texten vermeiden, kannst du die nachfolgenden Tipps beim Verfassen von Texten beherzigen.

!

Tipps zur Vermeidung von Schachtelsätzen

- Verwende für jeden Gedanken oder jede Aussage einen eigenständigen Satz, um Schachtelsätzen vorzubeugen.
- Achte darauf, dass die von dir formulierten Hauptsätze im Schnitt nicht mehr als 15 Wörter aufweisen. Auf diese Weise sind die Sätze für deinen Leser gut zu bewältigen.
- Darüber hinaus solltest du beachten, dass du in deinen Hauptsatz keinen Nebensatz einschiebst, da dieser hierdurch schwerer zu verstehen sein wird. Willst du dennoch einen Nebensatz verwenden, solltest du diesen voranstellen oder ihn an den Hauptsatz anschließen. Versuche hier jedoch, zu berücksichtigen, dass du nicht in jedem Satz einen Nebensatz anführst. Als Faustregel kannst du dir hier merken: In jedem dritten Satz kannst du einen Nebensatz verwenden.
- Achte innerhalb deines Satzes außerdem darauf, dass das Verb nicht zu weit hinten steht.
- Wenn dein Satz mehr als ein Komma aufweist, sollte sich bei dir dein inneres Frühwarnsystem melden. Meist kündigt sich hier bereits ein Schachtelsatz an.
- Außerdem kannst du einen Schachtelsatz erkennen, wenn du dir einen Satz laut vorliest. Als Faustformel solltest du dir hier merken: Dein Satz sollte nicht länger als eine Atemlänge sein.
- Wenn du lange Sätze schreibst, achte darauf, dass nicht mehrere lange Sätze hintereinander folgen.
- Nach dem Schreiben solltest du deinen Text aufmerksam auf Schachtelsätze kontrollieren.

Übung zu Schachtelsätzen und Übertreibungen

Löse die nachfolgenden Schachtelsätze sinnvoll auf und fasse die Informationen in mehreren Sätzen zusammen.

Beispiel für einen Auszug aus einem E-Mail-Text:

Das Angebot, das im Anhang erläutert wird, erhalten Sie heute zum Sonderpreis. Besser: Das Angebot erhalten Sie heute zum Sonderpreis. Im Anhang finden Sie die Details.

1. Als ich gestern, nachdem ich auf dem Spielplatz war, noch zum Supermarkt lief und danach meinen Bruder besuchte, erfuhr ich von einer Nachbarin, dass er bereits nach mir gefragt hatte.

___

___

___

___

2. In den Bürogebäuden sollte beachtet werden, dass der Ausweis immer mitgeführt werden sollte, damit die Identität eindeutig nachgewiesen werden kann.

___

___

___

___

3. Ich schreibe Ihnen, wie bereits am 12.02.2023 telefonisch besprochen, den Betrag, der von Ihnen bereits beglichen wurde, gut.

___

___

___

___

4. Im Wald konnte Lea heute ein Reh, zwei Hasen, fünf Eichhörnchen, zwei Hirsche, fünf Wildschweine und eine Gruppe von Jägern beobachten.

___

___

___

___

Lösung zur Übung

1. Als ich gestern, nachdem ich auf dem Spielplatz war, noch zum Supermarkt lief und danach meinen Bruder besuchte, erfuhr ich von einer Nachbarin, dass er bereits nach mir gefragt hatte.
Gestern war ich auf dem Spielplatz und danach lief ich zum Supermarkt. Dann besuchte ich meinen Bruder. Von einer Nachbarin erfuhr ich dann, dass dieser bereits nach mir gefragt hatte.

2. In den Bürogebäuden sollte beachtet werden, dass der Ausweis immer mitgeführt werden sollte, damit die Identität eindeutig nachgewiesen werden kann.
In den Bürogebäuden ist der Ausweis immer mitzuführen. So kann jeder Mitarbeiter seine Identität eindeutig nachweisen.

3. Ich schreibe Ihnen, wie bereits am 12.02.2023 telefonisch besprochen, den Betrag, der von Ihnen bereits beglichen wurde, gut.
Ich schreibe Ihnen den Betrag, der von Ihnen bereits beglichen wurde, gut. Dies wurde so mit Ihnen am 12.02.2023 telefonisch besprochen.

4. Im Wald konnte Lea heute ein Reh, zwei Hasen, fünf Eichhörnchen, zwei Hirsche, fünf Wildschweine und eine Gruppe von Jägern beobachten.
Im Wald konnte Lea heute einige Tiere beobachten. Neben einem Reh fanden sich darunter zwei Hasen, fünf Eichhörnchen, zwei Hirsche und fünf Wildschweine. Außerdem konnte sie eine Gruppe von Jägern beobachten.

NUTZE DIE PYRAMIDENKONSTRUKTION IN DEINEN TEXTEN!

Beim Verfassen deiner Texte ist es wichtig, dass du dein Thema eingrenzt, um hinsichtlich des Aufbaus deines Textes einer sinnvollen Struktur zu folgen. Hier kannst du das Pyramidenprinzip nutzen. Das Pyramidenprinzip ist ein Kommunikationskonzept, das auf Barbara Minto zurückgeht. Das Prinzip ist bereits in den 1960er Jahren entstanden. Es kann sowohl innerhalb von Kommunikationsprozessen als auch beim Verfassen von Texten verwendet werden. Das Pyramidenprinzip funktioniert dabei so, dass beim Verfassen von Texten (oder dem Führen einer Kommunikation) mit der Kernaussage begonnen wird. Das Wichtigste kommt somit zuerst. Ausgehend davon erläuterst du im weiteren Verlauf deines Textes dann die jeweiligen Details, die für die Kernaussage wichtig sind. Innerhalb deines Textes bildet die Kernaussage somit die Spitze deiner Pyramide. Alle weiteren Handlungsschritte und Details (je nach Textsorte) hingegen bilden die Basis. Schau dir hierzu gerne die nachfolgende Grafik an.

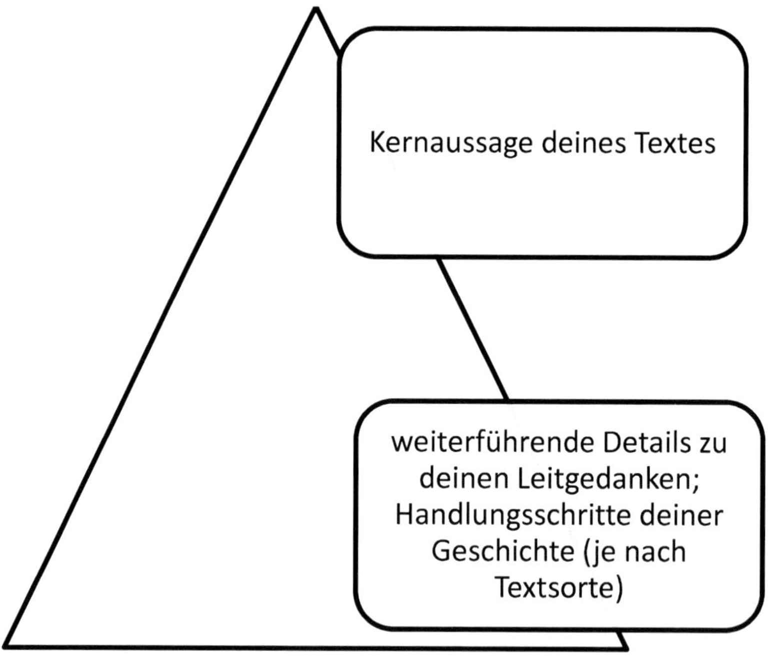

Die Basis der Pyramide vertieft somit den Inhalt und bereitet in seiner Struktur auf den Schluss deines Textes vor. Verwendest du die Kernaussage deines Textes bereits zu Beginn, weiß der Leser, was ihn im weiteren Verlauf erwartet. Auf diese Weise kann er deinen Inhalten besser folgen. Wendest du die Pyramidenstruktur somit an, weckst du das Interesse des Lesers und leitest ihn durch deinen Text. Das führt dazu, dass er sich innerhalb des Themas (oder deiner Geschichte, je nachdem, welche Textsorte du gerade bearbeitest) gut orientieren kann. Besonders gut funktioniert diese Methode, da sie sich der Funktionsweise unseres Gehirns anpasst. Hier solltest du wissen, dass dein Gehirn bei der Aneignung von Wissen so vorgeht, dass es versucht, Informationen in Verbindung zu anderen Sachverhalten zu setzen. Das bedeutet, wendest du innerhalb deiner Texte eine pyramidale Struktur an, lieferst du deinem Leser einen Anker, der ihm im Verlauf eines Textes Sicherheit vermittelt. Das Gehirn muss bei diesem Vorgehen weniger aktiv werden und kann daher besser Informationen aufnehmen. Wie die Pyramidenstruktur funktioniert, kannst du dir dabei noch einmal am nachfolgenden Beispiel verdeutlichen.

Beispiel:

Kernaussage

Studien haben herausgefunden, dass Menschen, die im sozialen Bereich arbeiten, über ein Mindestmaß an Einfühlungsvermögen verfügen sollten.

Wirkung beim Leser:

Nimmt der Leser die obenstehende Kernaussage beim Lesen auf, wird er sich im besten Fall fragen, wie die Studien zu diesem Ergebnis gekommen sind. Vielleicht wird er auch wissen wollen, welche weiteren Merkmale Menschen aufweisen sollten, die im sozialen Bereich (zum Beispiel in Kindergrippen, Altenheimen oder Ähnlichem) arbeiten wollen. In diesem Fall wurde mit der Kernaussage das Interesse des Lesers geweckt. Gleichzeitig wird das Gehirn dabei eventuell vorhandenes Vorwissen abrufen, das der Leser dann beim Lesen mit dem neu erworbenen Wissen in Verbindung setzen kann.

Besonders wirksam ist die Methode in Texten, in denen du beispielsweise Argumentationsketten anführen musst (zum Beispiel innerhalb von Kommentaren). Das heißt jedoch nicht, dass du die Methode nicht auch in anderen Textsorten anwenden kannst. Im Gegenteil: Auch beim Verfassen von E-Mails beispielsweise kann das Prinzip sinnvoll sein. Die Anwendung des Pyramidenprinzips bringt dabei einige Vorteile mit sich. Texte, die einem pyramidalen Aufbau folgen, sorgen dafür, dass sich der Leser die vermittelten Informationen besser merken und aufnehmen kann. Darüber hinaus verfügen deine Texte mithilfe des Pyramidenprinzips über eine logische Struktur und unterstützen deinen roten Faden im Textverlauf. Somit stellst du durch die Anwendung des Prinzips bereits eine logische Struktur sicher. Damit du dich im Umgang mit dem Pyramidenprinzip üben kannst, erhältst du nachfolgend eine Übungsaufgabe, die dich bei der Anwendung unterstützt. Die Lösung der Übungsaufgabe findest du im Anschluss an die Aufgabe. Bedenke hier jedoch, dass es sich bei der Lösung nur um eine Musterlösung handelt. Deine E-Mail muss selbstverständlich nicht denselben Wortlaut aufweisen.

Übung zur Anwendung des Pyramidenprinzips

Verfasse eine E-Mail aus Sicht deiner Lehrerin an dich. Nutze hierzu das Pyramidenprinzip. Folgende Situation solltest du dabei in deiner E-Mail aufnehmen:

Deine Lehrerin mailt regelmäßig eine Liste von Selbstlernaufgaben, die von euch freiwillig zur Übung erledigt werden kann. Da sich die Aufgabenliste im Verlauf des Monats geändert hat, schreibt sie euch eine neue Mail, um die Liste der zu erledigenden Aufgaben an die im Unterricht behandelten Themen anzupassen.

Tipp:

Aufgrund der besonderen Struktur einer E-Mail kann die Kernaussage der E-Mail bereits erstmalig im Betreff abgebildet werden.

Lösung zur Übungsaufgabe

An: maxmustermann@mustermail.de

Cc:

Bcc:

Betreff: Selbstlernaufgaben – Änderung der Aufgabenliste

Liebe Schülerinnen und Schüler,

da sich im Laufe des Monats die Themen unseres Deutschunterrichts verändert haben, stimmt die Aufgabenliste für die monatlichen freiwilligen Selbstlernaufgaben nicht mehr überein. Aus diesem Grund habe ich euch im Anhang die aktualisierte und überarbeitete Liste angehangen. Diese könnt ihr freiwillig bearbeiten und mir die Lösungen zur Korrektur einreichen. Sollten weitere Fragen bei der Bearbeitung auftreten, könnt ihr mich gerne kontaktieren oder nach dem Unterricht ansprechen.

Viel Spaß mit den neuen Aufgaben!

Herzliche Grüße

Frau Müller

NUTZE AKTIVE VERBEN!

Sicherlich hast du in der Schule schon einmal etwas von aktiven und passiven Satzkonstruktionen gehört. Aktive Satzkonstruktionen erkennst du daran, dass eine Person eine Handlung durchführt. Der Satz hat somit ein Subjekt (eine Person). Um zu erkennen, ob es sich um eine aktive Satzkonstruktion handelt, kannst du demnach mit der Frage „Wer oder was?“ fragen.

Beispiel:
Ich gieße die Blumen auf unserem Balkon.
Anna isst Kuchen am Geburtstag.

Bei passiven Satzkonstruktionen hingegen steht die Handlung an sich oder ein Zustand im Mittelpunkt des Satzes. Das heißt, innerhalb von passiven Satzkonstruktionen muss es nicht immer eine Person geben. Hier kannst du also nicht mit der Frage „Wer oder was?“ fragen.

Beispiel:
Die Blumen auf unserem Balkon werden von mir gegossen.
Der Kuchen wird von Anna am Geburtstag gegessen.

Während es sich beim Aktiv um die neutrale Grundform des Verbs handelt, werden beim Passiv zwei verschiedene Formen (und Bedeutungen) unterschieden:

- **das *werden*- oder Vorgangspassiv und**

Das *werden*-Passiv wird dabei mit den Formen des Hilfsverbs *werden* und dem Partizip II (auch: Partizip Perfekt) des jeweiligen Verbs gebildet.

Für den Fall, dass du dich nicht mehr an das Partizip II erinnern kannst, folgt hier eine kleine Auffrischung:

Das jeweilige Verb wird innerhalb des Partizip II mit der Vorsilbe „ge-“ gebildet. Dabei endet es entweder auf den Buchstaben „t“ oder auf „en“.

Beispiel:
reden – geredet
essen – gegessen
hören – gehört
schwimmen – geschwommen

Aber Achtung! Hier gibt es einige Ausnahmen.

Ausnahme 1:

Wenn Verben auf „ieren“ enden, wird das Partizip II ohne „ge-“ gebildet.

Beispiel:
lackieren – lackiert
studieren – studiert
reklamieren – reklamiert

Ausnahme 2:

Auch für trennbare Verben gilt eine Ausnahme. Hier steht die Vorsilbe „ge-“ zwischen den trennbaren Wortbestandteilen.

Beispiel:
anstehen – angestanden
aufmachen – aufgemacht
zusehen – zugesehen

Das Vorgangspassiv bildest du daher wie im nachfolgenden Beispiel:

Beispiel für die Bildung des Vorgangspassivs:
Von diesem Verlag werden Schulbücher herausgegeben.
Diese Sehenswürdigkeit wurde von Touristen häufig aufgesucht.

- das *sein*- oder Zustandspassiv.

Anders als das *werden*-Passiv wird das *sein*-Passiv mit den Formen des Verbs *sein* sowie dem Partizip II (Bildung siehe vorangegangener Punkt) des jeweiligen Verbs gebildet.

Beispiel für die Bildung des Zustandspassivs:
Wegen Einsturzgefahr ist das Haus gesperrt.
Das Betreten der Baustelle ist verboten.

Innerhalb von aktiven und passiven Satzkonstruktionen stellen die jeweiligen Formen des Verbs somit eine Handlung oder ein Geschehen aus unterschiedlichen Perspektiven dar. Nun wirst du dich sicher fragen, was das mit dem Verfassen von Texten zu tun hat. Die Antwort ist einfach! Auch wenn bei geschriebenen Texten eine gute Mischung von aktiven und passiven Satzkonstruktionen in Ordnung ist, solltest du grundsätzlich darauf achten, deine Sätze mit aktiven Verben zu formulieren. Zudem erschweren passive Satzkonstruktionen das Verständnis deiner Texte, weshalb sie in deinen Texten nur selten vorkommen sollten. Das liegt vor allem auch daran, dass aktive Sprache beziehungsweise die Verwendung von aktiven Verben präziser und eindeutiger ist und deinen Text somit lebendiger macht. Eine aktive Formulierung hinterlässt im Vergleich zur passiven Formulierung ein klares Verständnis im Kopf des Lesers und konzentriert sich auf das Wesentliche. Außerdem verleiht aktive Sprache dem Text einen leicht lesbaren Stil. Darüber hinaus verleihen Verben deinem Text mehr Aktivität und sind für den Leser meist leicht verständlich. Dadurch wirkt dein Text nicht starr, sondern so, als befänden sich die Sätze in einem fortlaufenden Fluss.

Dennoch solltest du wissen, dass es kein Beinbruch ist, wenn du hin und wieder von der Verwendung aktiver Verben abweichst. Vielmehr solltest du darauf achten, dass du beim Einsatz von passiven Satzkonstruktionen mit Bedacht vorgehst und diese nur sehr dosiert einsetzt. Dann leidet auch die Lesbarkeit deines Textes nicht darunter.

Damit du dich im Umgang mit der Formulierung von aktiven und passiven Satzkonstruktionen üben kannst, erhältst du nachfolgend eine Übungsaufgabe, die dich dabei unterstützt. Die Lösung der Übungsaufgabe findest du im Anschluss an die Aufgabe.

Übung zur Anwendung des Aktivs von Verbformen

Wandle die nachfolgenden Sätze ins Passiv um.

Beispiel:

Anna erledigt die Hausaufgaben von Maik.

→ Die Hausaufgaben von Maik werden von Anna erledigt.

1. Malina lernt für den anstehenden Mathematiktest.
2. Der Wind hat die Balkontür geöffnet.
3. Das Kino schließt heute früher.
4. Der Supermarkt schließt.

Lösung zur Übung

1. Für den anstehenden Mathematiktest lernt Malina.
2. Die Balkontür wurde durch den Wind geöffnet.
3. Heute schließt das Kino früher.
4. Der Supermarkt ist geschlossen.

ACHTE AUF DIE VERWENDUNG VON DURCHGÄNGIGEN ZEITFORMEN!

Beim Verfassen von Texten fällt es vielen Schülern schwer, durchgängige Zeitformen einzuhalten. Dabei ist dies für das Gelingen eines guten Textes wichtig. In welcher Zeitform ein Text verfasst wird, hängt dabei stark von der jeweiligen Textsorte ab.

Zur Erinnerung:
Für Sachtexte gilt grundsätzlich die Verwendung des Präsens, also der Gegenwart. Nur wenn bestimmte Sachverhalte sich in der Vergangenheit ereignet haben, verwendest du innerhalb von Sachtexten die Vergangenheitsform, also das Präteritum. Hier kann dir die nachfolgende Übersicht noch einmal einen guten Überblick liefern.

Sachtexte	
Textsorte	**Zeitform**
Bericht	Da sich der Bericht auf einen Vorgang bezieht, der sich in der Vergangenheit ereignet hat, steht diese Textsorte im Präteritum.
Artikel	Ebenso wie der Bericht bezieht sich der Artikel auf eine Handlung, die in der Vergangenheit liegt, weshalb auch der Artikel im Präteritum steht.
Inhaltsangabe	Die Inhaltsangabe zählt zu den Formen des Sachtextes, die aufgrund der Schilderung eines Inhalts im Präsens stehen.
Beschreibung	Ebenso wie die Inhaltsangabe zählt die Beschreibung zu den Formen eines Sachtextes, bei denen du das Präsens verwendest.

Bei kreativen Texten können sich die jeweils zu verwendenden Zeitformen unterscheiden:

Kreative Texte	
Textsorte	**Zeitform**
Geschichten oder Erlebniserzählungen	Geschichten oder Erlebniserzählungen können grundsätzlich sowohl im Präsens als auch im Präteritum formuliert werden. Das liegt vor allem daran, dass du hier einen kreativen Gestaltungsspielraum hast. Hier ist es nur wichtig, dass du dich für eine Zeitform entscheidest und diese beibehältst.
Nacherzählungen	Anders als bei Geschichten oder Erlebniserzählungen bieten dir Nacherzählungen hinsichtlich der Wahl deiner Zeitform keinen Gestaltungsspielraum. Nacherzählungen schreibst du daher immer im Präteritum.

Bei lyrischen Texten musst du dich hinsichtlich der Zeitform an keiner konkreten Vorgabe orientieren. Das heißt, du kannst die von dir gewählte Zeitform frei verwenden.

Lyrische Texte
Bei dieser Textsorte kannst du die jeweilige Zeitform **frei** bestimmen. Willst du einen lyrischen Text anfertigen, hast du daher auch hier einen gewissen kreativen Gestaltungsspielraum, was die Verwendung der Zeitform betrifft.

Bei gemischten Textformen kann sich die Verwendung der Zeitformen ebenfalls unterscheiden, je nachdem, für welche Textsorte du dich entscheidest beziehungsweise welche Textsorte anzufertigen ist. Eine Übersicht bietet dir daher die nachfolgende Auflistung:

Gemischte Textformen	
Textsorte	**Zeitform**
Briefe und E-Mails	Im Rahmen von Briefen und E-Mails kommt es bei der Wahl der korrekten Zeitform wieder darauf an, ob du einen Sachverhalt schilderst, der in der Gegenwart oder in der Vergangenheit liegt. Hier kannst du daher je nach Inhalt bestimmen, ob du das Präsens oder das Präteritum verwendest.
Essay und Kommentar	Beim Anfertigen eines Essays oder Kommentars kannst du die Zeitform im Vergleich zu Briefen oder E-Mails nicht frei wählen. Hier gibt es eine konkrete Vorgabe, sodass du bei der Anfertigung deines Textes das Präsens verwenden musst.

Ganz grundsätzlich solltest du dir für das Anfertigen deiner Texte merken, dass du die für den Text typische (oder gewählte) Zeitform durchgängig innerhalb deines Textes verwenden solltest. Ein Bruch innerhalb der von dir verwendeten Zeitform würde die Qualität deines Textes vermindern und seine Lesbarkeit verschlechtern. Zudem könnte ein Bruch in der Zeitform für Verwirrung beim Leser sorgen. Nachdem du einen Text fertiggestellt hast, solltest du diesen daher im Anschluss aufmerksam prüfen. Am besten liest du ihn hierzu einmal nur unter dem Korrekturaspekt der Zeitform durch. Das heißt, nach dem Verfassen deines Textes kümmerst du dich zunächst nicht um inhaltliche Korrekturen, sondern überprüfst in einem ersten Schritt, ob du an allen Stellen deines Textes die richtige Zeitform verwendet hast. Hierzu kannst du zum Beispiel vor der Korrektur des Textes in diesem Übungsbuch nachlesen, welche Zeitform du für die jeweilige Textsorte verwenden musst. Dann prüfst du deinen Text eingehend. Erst dann widmest du dich in einem zweiten Schritt inhaltlichen Korrekturen.

Nun hast du auch abschließend noch viele Informationen über die Textsorten und die mit ihnen verbundenen Zeitformen erhalten. Damit du die Einhaltung der Zeitformen trainieren kannst, erhältst du, wie bereits in vorangegangenen Kapiteln, an dieser Stelle noch einige Übungen zur Zeitform von Texten. Die Lösung zu den jeweiligen Texten findest du im Anschluss an die Übungen. Hier findest du die Texte in der korrekten Zeitform.

Übungen zur Anwendung der Zeitformen

Aufgabenstellung für die nachfolgenden Übungsaufgaben

Nachfolgend findest du zu jeder in diesem Buch vorgestellten Textsorte einen Ausschnitt. Um welche Textsorte es sich handelt, steht über dem jeweiligen Ausschnitt. Überprüfe für die jeweiligen Textausschnitte, ob die für die Textsorte korrekte Zeitform angewendet wurde und ob die Zeitform durchgängig eingehalten wurde. Markiere die Stellen, die nicht korrekt sind, und passe sie entsprechend der für die Textsorte typischen Vorgaben hinsichtlich der Zeitform an. Stelle dir hierzu jeweils die nachfolgenden Fragen:

- Welche Zeitform ist für die entsprechende Textsorte üblich?
- Wird die Zeitform durchgängig beibehalten?
- Gibt es Abweichungen? Wenn ja, wo? Und wie müssten diese angepasst werden?

Übungsaufgabe 1 – Zeitungsbericht:

„Am Mittwoch, dem 13. Januar 2021, ereignet sich gegen 18 Uhr in der Goethestraße 23 in Frankfurt am Main ein Überfall auf eine Filiale der Deutschen Bank durch drei maskierte Bankräuber, von denen einer entkommen konnte. Nachdem die Bank nach Ladenschluss gerade ihre Türen verriegelt, brachen die drei Bankräuber durch die Hintertür in die Filiale ein und zwangen die Mitarbeiter mit einer Waffe, die Tresore mit ihren Schlüsseln zu öffnen. Während sie das Geld einpackten, gelang es einem Mitarbeiter, den Notknopf zu betätigen und so die Polizei zu informieren. Diese rückt sofort mit mehreren Streifenwagen an und konnte zwei der drei Bankräuber auf frischer Tat ertappen. Der dritte Bankräuber entkam. Bei der Befragung sagten die Bankräuber aus, den Überfall aus Geldnot begangen zu haben. Die Mitarbeiter der Bank kamen mit einem Schrecken davon. Nach dem dritten Bankräuber wird derzeit noch gefahndet. Wenn Sie den Bankraub beobachten oder einen anderen Hinweis zum Täter liefern können, melden Sie sich bitte unter der Nummer 0123/45678."

Übungsaufgabe 2 – Artikel:

„Die Elefantenpopulationen in den größten Teilen Tansanias nahmen immer weiter ab. Ob ich wohl auf meiner Reise einen zu Gesicht bekommen würde?

Schon als Kind ist es mein großer Traum, irgendwann einmal mit meiner Kamera Elefanten in Afrika fotografieren zu können. Als ich diesen Sommer ein Angebot für einen Job in Tansania bekam, sagte ich natürlich nicht Nein – ich packte meine Koffer und saß kurz darauf auch schon im Flugzeug.

Eine passende Safari zu finden, stellt sich dann aber als gar nicht so einfach heraus. Die meisten Anbieter waren sehr teuer und hatten trotzdem Autos, die wenig vertrauenerweckend wirkten. Nach langem Suchen fand ich doch noch einen. Der Guide erzählte aber direkt beim Losfahren, dass die Elefanten in allen Gebieten in Tansania zurückgehen und an manchen Stellen schon ganz verschwunden sind. „Das liegt an der immer noch anhaltenden Wilderei", erklärte er, „auch wenn diese eigentlich seit Jahren verboten ist, um die Elefanten zu schützen."

Aber wir hatten Glück! Nach einigen Stunden in der Steppe bekam ich doch noch einen Elefanten vor meine Kamera. Was für ein Erfolg! (...)"

Übungsaufgabe 3 – Inhaltsangabe:

„‚Rotkäppchen' war ein klassisches Märchen der Gebrüder Grimm aus der ersten Hälfte des 19. Jahrhunderts. Es behandelt die Geschichte des Mädchens Rotkäppchen, das allein in den Wald loszieht, um seiner kranken Großmutter Hilfe zu leisten. Doch im Wald trifft es auf den Wolf, der es mit einer List schafft, Rotkäppchen und seine Großmutter zu fressen. Zum Ende des Märchens aber können die beiden von einem Jäger gerettet werden.

Die Protagonistin des Märchens ‚Rotkäppchen' war ein gleichnamiges, hübsches Mädchen, das diesen Spitznamen aufgrund seiner roten Mütze erhalten hat. Da seine Großmutter krank ist, wird Rotkäppchen von seiner Mutter losgeschickt, seine Großmutter in ihrem Haus im Wald mit Wein und Kuchen zu versorgen. Die Mutter ermahnt das Kind noch, bloß auf den Wegen zu bleiben.

Auf dem Weg durch den Wald traf Rotkäppchen auf den Wolf. Es erkennt nicht, wie gefährlich der Wolf für es ist, und erzählt ihm darauf arglos, wohin es geht. Der Wolf ist hungrig und fasst deshalb den Plan, die Großmutter zu fressen. Bevor er sich auf den Weg macht, verschafft er sich noch einen Vorsprung vor Rotkäppchen, indem er ihm vorschlägt, auf einer Wiese im Wald einen Blumenstrauß für die Großmutter zu pflücken. (...)"

Übungsaufgabe 4 – Beschreibung:

„Gesucht wird der zehn Jahre alte Jonas. Jonas ist 1,40 Meter groß und etwa 27 Kilogramm schwer. Seine Figur ist sportlich und schlank. Er trug das hellbraune Haar kurz und die Haarspitzen vorne über der Stirn, mit Gel nach oben geformt. Seine Augen sind graublau und seine Haut eher blass, mit Sommersprossen auf der Nase und auf der Stirn. Als Jonas zuletzt gesehen wurde, trägt er eine dunkelblaue Jeans mit einem roten Flicken auf dem rechten Knie und ein schwarzes T-Shirt. Auf dem Shirt ist rechts auf der Brust das Logo des FC Bayern München. Er hatte seine schwarze Kappe bei sich und seinen grünen Schulrucksack mit einem Drachen darauf. Seine Schuhe sind schwarze Sneakers von der Marke Adidas. (...)"

Übungsaufgabe 5 – Geschichten und Erlebniserzählungen:

„Es war spät an einem verschneiten Winterabend, als Anna nach ihrem Schwimmunterricht das Schwimmbad verließ. Draußen ist es schon dunkel und die Schneeflocken tanzten wild in der Luft. Sie ging durch die verschneiten Straßen nach Hause. Aber – oh nein! Als sie vor der Haustür stand und in ihrer Tasche nach dem Schlüssel tastete, merkt sie, dass dieser nicht mehr da war. Sie griff hastig in alle anderen Taschen – nichts! Auch in der Schwimmtasche war er nirgends zu finden. Annas Herz machte vor Schreck einen riesigen Satz. „Ich habe den Schlüssel verloren", dachte sie halb betrübt, halb ängstlich, „Was ist, wenn ich ihn nicht mehr wiederfinde?" Sie legte die nassen und kalten Schwimmsachen vor der Haustür ab und ging den Weg bis zum Schwimmbad noch einmal zurück. Sie suchte überall auf dem verschneiten Boden, sah in jede Ecke, jede Spalte. Aber sie hat kein Glück. Der Schlüssel war weg. Als sie am Schwimmbad ankam, wollte Anna kopflos und hastig durch das Drehkreuz zu den Kabinen laufen. Doch plötzlich hörte sie eine Stimme: „Halt! Du kannst da nicht einfach rein!"

Anna schrak furchtbar zusammen. Sie hatte ja gar keine Eintrittskarte! Ob sie jetzt wohl Ärger bekommen würde? Mit hochrotem Kopf dreht sie sich um. Ein Bademeister in roten Badehosen und mit einem blauen T-Shirt hatte sich vor ihr aufgebaut. Er sah riesig aus! (...)"

Übungsaufgabe 6 – Nacherzählung:

„In der Geschichte ging es um das Mädchen Anna, das auf dem verschneiten Nachhauseweg nach dem Schwimmunterricht merkt, dass es seinen Schlüssel verloren hat.

Sie ist schockiert! Wo kann der Schlüssel nur sein? Sie sucht überall, in allen Taschen und auch ihrem Schwimmbeutel, aber kann ihn nirgends finden. Verzweifelt macht sie sich daraufhin auf den Weg zurück zum Schwimmbad, in der Hoffnung, den Schlüssel auf dem Weg wiederzufinden. Aber auch hier nichts!

Im Schwimmbad angekommen, vergaß Anna in ihrer Verzweiflung, dass sie ja gar keine Eintrittskarte mehr hat. Und oh nein! Der Bademeister erwischte sie, als sie Hals über Kopf versucht, trotzdem durch das Drehkreuz zu den Umkleiden zu kommen.

Anna erschreckt sich furchtbar und schämt sich offensichtlich, im Originaltext wird das deutlich gemacht, indem ihr Kopf als hochrot beschrieben wird. Sie ist sehr kleinlaut, als sie dem Bademeister erklärt: „Ich habe meinen Schlüssel verloren!" (...)"

Übungsaufgabe 7 – Gedicht:

In einem dunklen Wald herrschte einst ein kleiner Zwerg,
er wohnt hinter einem großen Berg.
Nicht selten blickte er hervor
und sah dabei zu, wie die Welt den Verstand verliert.

Was war bloß los in dieser Welt,
jeder strebt nur nach noch mehr Geld.
Werte wie Liebe und Freundschaft gab es kaum,
deshalb verließ er vor einigen Jahren den menschlichen Lebensraum.

Übungsaufgabe 8 - Brief:

„Sehr geehrte Damen und Herren,

hiermit kündige ich meinen bestehenden Handyvertrag mit der Nummer 0123/45678 zum nächstmöglichen Zeitpunkt. Dieser war meiner Berechnung zufolge der 01.10.2022.
Die zugehörige Kundennummer lautet: 9876543

Bitte schicken Sie mir eine Kündigungsbestätigung per E-Mail zu. Vielen Dank!

Mit freundlichen Grüßen

Maximilian Mustermann

Kontaktdaten:
Handy: 0123/45678

Übungsaufgabe 9 – Essay:

„(...) Meiner Meinung nach ist es gar nicht so kompliziert, einen guten Text zu schreiben.

Letztlich gibt es für beinahe jede Textart ein „Rezept“, das einen sehr einfach und strukturiert durch den ganzen Prozess durchleiten kann. Alles, was man tun muss, ist, sich dieses Rezept anzueignen und sich dann daranzuhalten. Auch ich hatte beispielsweise mithilfe eines Ratgebers gelernt, einfach gute Texte zu schreiben. Dieser Ratgeber hatte mir gezeigt, wie ich vorgehen kann und worauf ich achten sollte – und innerhalb weniger Wochen haben sich meine Deutschnoten deutlich verbessert. Auch wenn das Texteschreiben in der heutigen Zeit durch soziale Medien, das Internet und die bildliche Darstellung vieler Inhalte durch Bild und Video vielleicht einen anderen Stellenwert hat als noch vor fünfzig Jahren, so hielt ich es doch für eine elementare Fähigkeit, über die jeder verfügen sollte. Und wie ich bereits dargelegt habe, bin ich auch fest überzeugt, dass jeder Mensch diese Fähigkeit erlernen kann. (...)“

Lösungen zu den Übungsaufgaben

Lösungen zur Übungsaufgabe 1 – Zeitungsbericht:

„Am Mittwoch, dem 13. Januar 2021, ereignete sich gegen 18 Uhr in der Goethestraße 23 in Frankfurt am Main ein Überfall auf eine Filiale der Deutschen Bank durch drei maskierte Bankräuber, von denen einer entkommen konnte. Nachdem die Bank nach Ladenschluss gerade ihre Türen verriegelt hatte, brachen die drei Bankräuber durch die Hintertür in die Filiale ein und zwangen die Mitarbeiter mit einer Waffe, die Tresore mit ihren Schlüsseln zu öffnen. Während sie das Geld einpackten, gelang es einem Mitarbeiter, den Notknopf zu betätigen und so die Polizei zu informieren. Diese rückte sofort mit mehreren Streifenwagen an und konnte zwei der drei Bankräuber auf frischer Tat ertappen. Der dritte Bankräuber entkam. Bei der Befragung sagten die Bankräuber aus, den Überfall aus Geldnot begangen zu haben. Die Mitarbeiter der Bank kamen mit einem Schrecken davon. Nach dem dritten Bankräuber wird derzeit noch gefahndet. Wenn Sie den Bankraub beobachtet haben oder einen anderen Hinweis zum Täter liefern können, melden Sie sich bitte unter der Nummer 0123/45678."

Lösungen zur Übungsaufgabe 2 – Artikel:

„Die Elefantenpopulationen in den größten Teilen Tansanias nehmen immer weiter ab. Ob ich wohl auf meiner Reise einen zu Gesicht bekommen würde?

Schon als Kind war es mein großer Traum, irgendwann einmal mit meiner Kamera Elefanten in Afrika fotografieren zu können. Als ich diesen Sommer ein Angebot für einen Job in Tansania bekam, sagte ich natürlich nicht Nein – ich packte meine Koffer und saß kurz darauf auch schon im Flugzeug.

Eine passende Safari zu finden, stellte sich dann aber als gar nicht so einfach heraus. Die meisten Anbieter waren sehr teuer und hatten trotzdem Autos, die wenig vertrauenerweckend wirkten. Nach langem Suchen fand ich doch noch einen. Der Guide erzählte aber direkt beim Losfahren, dass die Elefanten in allen Gebieten in Tansania zurückgehen und an manchen Stellen schon ganz verschwunden sind. „Das liegt an der immer noch anhaltenden Wilderei", erklärte er, „auch wenn diese eigentlich seit Jahren verboten ist, um die Elefanten zu schützen."

Aber wir hatten Glück! Nach einigen Stunden in der Steppe bekam ich doch noch einen Elefanten vor meine Kamera. Was für ein Erfolg! (...)"

Lösungen zur Übungsaufgabe 3 – Inhaltsangabe:

„„Rotkäppchen' ist ein klassisches Märchen der Gebrüder Grimm aus der ersten Hälfte des 19. Jahrhunderts. Es behandelt die Geschichte des Mädchens Rotkäppchen, das allein in den Wald loszieht, um seiner kranken Großmutter Hilfe zu leisten. Doch im Wald trifft es auf den Wolf, der es mit einer List schafft, Rotkäppchen und seine Großmutter zu fressen. Zum Ende des Märchens aber können die beiden von einem Jäger gerettet werden.

Die Protagonistin des Märchens „Rotkäppchen" ist ein gleichnamiges, hübsches Mädchen, das diesen Spitznamen aufgrund seiner roten Mütze erhalten hat. Da seine Großmutter krank ist, wird Rotkäppchen von seiner Mutter losgeschickt, seine Großmutter in ihrem Haus im Wald mit Wein und Kuchen zu versorgen. Die Mutter ermahnt das Kind noch, bloß auf den Wegen zu bleiben.

Auf dem Weg durch den Wald trifft Rotkäppchen auf den Wolf. Es erkennt nicht, wie gefährlich der Wolf für es ist, und erzählt ihm darauf arglos, wohin es geht. Der Wolf ist hungrig und fasst deshalb den Plan, die Großmutter zu fressen. Bevor er sich auf den Weg macht, verschafft er sich noch einen Vorsprung vor Rotkäppchen, indem er ihm vorschlägt, auf einer Wiese im Wald einen Blumenstrauß für die Großmutter zu pflücken. (...)"

Lösung zur Übungsaufgabe 4 – Beschreibung:

„Gesucht wird der zehn Jahre alte Jonas. Jonas ist 1,40 Meter groß und etwa 27 Kilogramm schwer. Seine Figur ist sportlich und schlank. Er trägt das hellbraune Haar kurz und die Haarspitzen vorne über der Stirn, mit Gel nach oben geformt. Seine Augen sind graublau und seine Haut eher blass, mit Sommersprossen auf der Nase und auf der Stirn. Als Jonas zuletzt gesehen wurde, trug er eine dunkelblaue Jeans mit einem roten Flicken auf dem rechten Knie und ein schwarzes T-Shirt. Auf dem Shirt ist rechts auf der Brust das Logo des FC Bayern München. Er hatte seine schwarze Kappe bei sich und seinen grünen Schulrucksack mit einem Drachen darauf. Seine Schuhe sind schwarze Sneakers von der Marke Adidas. (...)"

Lösung zur Übungsaufgabe 5 – Geschichten und Erlebniserzählungen:

„Es war spät an einem verschneiten Winterabend, als Anna nach ihrem Schwimmunterricht das Schwimmbad verließ. Draußen war es schon dunkel und die Schneeflocken tanzten wild in der Luft. Sie ging durch die verschneiten Straßen nach Hause. Aber – oh nein! Als sie vor der Haustür stand und in ihrer Tasche nach dem Schlüssel tastete, merkte sie, dass dieser nicht mehr da war. Sie griff hastig in alle anderen Taschen – nichts! Auch in der Schwimmtasche war er nirgends zu finden. Annas Herz machte vor Schreck einen riesigen Satz. „Ich habe den Schlüssel verloren", dachte sie halb betrübt, halb ängstlich, „Was ist, wenn ich ihn nicht mehr wiederfinde?" Sie legte die nassen und kalten Schwimmsachen vor der Haustür ab und ging den Weg bis zum Schwimmbad noch einmal zurück. Sie suchte überall auf dem verschneiten Boden, sah in jede Ecke, jede Spalte. Aber sie hatte kein Glück. Der Schlüssel war weg. Als sie am Schwimmbad ankam, wollte Anna kopflos und hastig durch das Drehkreuz zu den Kabinen laufen. Doch plötzlich hörte sie eine Stimme: „Halt! Du kannst da nicht einfach rein!"

Anna schrak furchtbar zusammen. Sie hatte ja gar keine Eintrittskarte! Ob sie jetzt wohl Ärger bekommen würde? Mit hochrotem Kopf drehte sie sich um. Ein Bademeister in roten Badehosen und mit einem blauen T-Shirt hatte sich vor ihr aufgebaut. Er sah riesig aus! (...)"

Lösung zur Übungsaufgabe 6 – Nacherzählung:

„In der Geschichte geht es um das Mädchen Anna, das auf dem verschneiten Nachhauseweg nach dem Schwimmunterricht merkt, dass es seinen Schlüssel verloren hat.

Sie ist schockiert! Wo kann der Schlüssel nur sein? Sie sucht überall, in allen Taschen und auch ihrem Schwimmbeutel, aber kann ihn nirgends finden. Verzweifelt macht sie sich daraufhin auf den Weg zurück zum Schwimmbad, in der Hoffnung, den Schlüssel auf dem Weg wiederzufinden. Aber auch hier nichts!

Im Schwimmbad angekommen, vergisst Anna in ihrer Verzweiflung, dass sie ja gar keine Eintrittskarte mehr hat. Und oh nein! Der Bademeister erwischt sie, als sie Hals über Kopf versucht, trotzdem durch das Drehkreuz zu den Umkleiden zu kommen.

Anna erschreckt sich furchtbar und schämt sich offensichtlich, im Originaltext wird das deutlich gemacht, indem ihr Kopf als hochrot beschrieben wird. Sie ist sehr kleinlaut, als sie dem Bademeister erklärt: „Ich habe meinen Schlüssel verloren!" (...)"

Lösung zur Übungsaufgabe 7 – Gedicht:

In einem dunklen Wald herrschte einst ein kleiner Zwerg,
er wohnte hinter einem großen Berg.
Nicht selten blickte er hervor
und sah dabei zu, wie die Welt den Verstand verlor.

Was war bloß los in dieser Welt,
jeder strebte nur nach noch mehr Geld.
Werte wie Liebe und Freundschaft gab es kaum,
deshalb verließ er vor einigen Jahren den menschlichen Lebensraum.

Lösung zur Übungsaufgabe 8 – Brief:

„Sehr geehrte Damen und Herren,

hiermit kündige ich meinen bestehenden Handyvertrag mit der Nummer 0123/45678 zum nächstmöglichen Zeitpunkt. Dieser ist meiner Berechnung zufolge der 01.10.2022.
Die zugehörige Kundennummer lautet: 9876543

Bitte schicken Sie mir eine Kündigungsbestätigung per E-Mail zu. Vielen Dank!

Mit freundlichen Grüßen
Maximilian Mustermann

Kontaktdaten:
Handy: 0123/45678

Lösung zur Übungsaufgabe 9 – Essay:

„(...) Meiner Meinung nach ist es gar nicht so kompliziert, einen guten Text zu schreiben.

Letztlich gibt es für beinahe jede Textart ein „Rezept“, das einen sehr einfach und strukturiert durch den ganzen Prozess durchleiten kann. Alles, was man tun muss, ist, sich dieses Rezept anzueignen und sich dann daranzuhalten. Auch ich habe beispielsweise mithilfe eines Ratgebers gelernt, einfach gute Texte zu schreiben. Dieser Ratgeber hat mir gezeigt, wie ich vorgehen kann und worauf ich achten sollte – und innerhalb weniger Wochen haben sich meine Deutschnoten deutlich verbessert.

Auch wenn das Texteschreiben in der heutigen Zeit durch soziale Medien, das Internet und die bildliche Darstellung vieler Inhalte durch Bild und Video vielleicht einen anderen Stellenwert hat als noch vor fünfzig Jahren, so halte ich es doch für eine elementare Fähigkeit, über die jeder verfügen sollte. Und wie ich bereits dargelegt habe, bin ich auch fest überzeugt, dass jeder Mensch diese Fähigkeit erlernen kann. (...)“

Übung macht den Meister!

Auch wenn das Verfassen von Texten eine Kunst für sich ist, heißt das nicht, dass sie nicht von jedem erlernt werden kann. Auch von dir! Grundsätzlich solltest du beim Schreiben deiner Texte dabei unbedingt im Hinterkopf behalten, dass Leser, die beispielsweise die Tageszeitung aufschlagen, andere Erwartungen an einen Text haben als Leser, die sich für das Lesen eines Romans entschieden haben. Auch wenn es unzählige Textsorten gibt, lassen sich diese gut umsetzen, wenn du dich an den Vorgaben für den Aufbau und Stil hältst. Zudem hast du darüber hinaus die Möglichkeit, deine eigenen kreativen Ideen einfließen zu lassen und deinen Texten deine persönliche Note zu verleihen.

Solltest du dich selbst zu den Menschen zählen, denen das Schreiben von Texten eher schwerfällt, mache dir bewusst, dass es beim Schreiben wie mit jeder anderen Kunstform ist: Manche Menschen bringen ein größeres Talent mit als andere. Ihnen fällt es dementsprechend leichter, etwas auf diesem Gebiet zu lernen beziehungsweise sich passend auszudrücken. Das bedeutet jedoch nicht, dass jemand, der sich für weniger talentiert hält, nicht die passenden methodischen Fähigkeiten erwerben kann, um ebenfalls gute Texte zu verfassen. Denn auch beim Verfassen von Texten gibt es Tipps, Tricks und Kniffe, die bei richtiger Anwendung zu einem guten Text verhelfen.

Sicherlich wirst du dich speziell beim Aufschlagen dieses Übungsbuches etwas überfordert gefühlt haben. Das ist normal und auch gar nicht weiter schlimm. Auch Menschen, die schon jahrelang Texte verfassen, sind sich nicht in allen Textsorten sicher. Das Gute für dich ist dabei: In der Schulzeit werden von Kindern immer wieder ähnliche Textsorten verlangt. Das macht es für dich leichter, weil sich die entsprechend geforderten Textsorten auf ein Minimum beschränken und somit überschaubar sind. Das Rad musst du somit nicht neu erfinden. Je geübter du im Umgang mit den Textsorten sowie den angeführten Methoden wirst, desto leichter wird dir das Verfassen von Texten in Zukunft fallen. Vergiss dabei nicht, dass jeder einmal klein angefangen hat: Übung macht auch hier den Meister!